岸信介元総理の志　憲法改正

清原　淳平　編著

善本社

慈愛あふれる晩年の岸信介元総理

岸信介会長の書

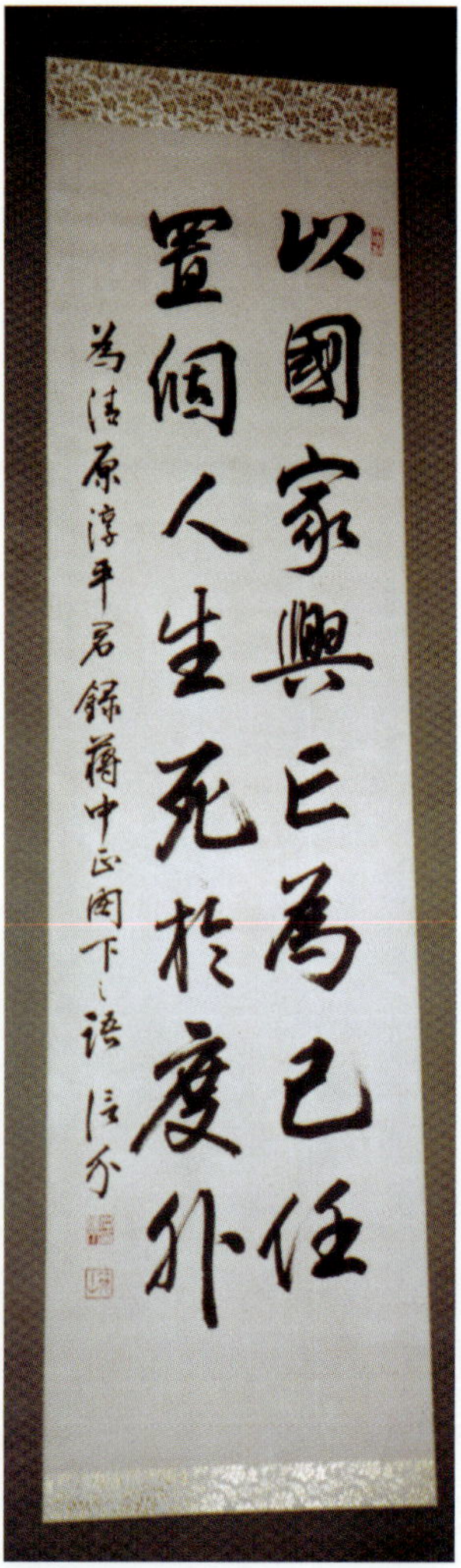

A．国家の興亡を以て己の任となし、個人の生死を度外に置く

蔣中正閣下の語を録す　㈱「中正」は蔣介石総統の雅号である。

上の掛け軸は、清原淳平が、岸信介先生が総理の時にご面識を得たのがご縁で、岸先生が創設された「財団法人　協和協会」について、昭和 53 年 11 月にその常務理事兼事務局長を拝命。それが軌道に乗ったとして昭和 56 年春に頂戴した。箱書の署名まで書かれている。

B．一誠　兆人を感ぜしむ

清原は、昭和 54 年新春に、自主憲法期成議員同盟と自主憲法制定国民会議の両団体会長の岸信介先生からその事務局長を委嘱され、特に当時 50 人足らずだった議員同盟の拡大を要請され、国会内を駆け回って、昭和 58 年 4 月に 308 人の大議員同盟としたことを大層喜ばれ、書いてくださった。また、この間の昭和 56 年 10 月に、岸信介元総理を会長として、学者・技術者・評論家を中心とするシンクタンク・政治団体『時代を刷新する会』を結成し、それが軌道に乗ったことを、喜ばれたことも含まれていると思う。上掲の額幅は 168 センチメートルある。

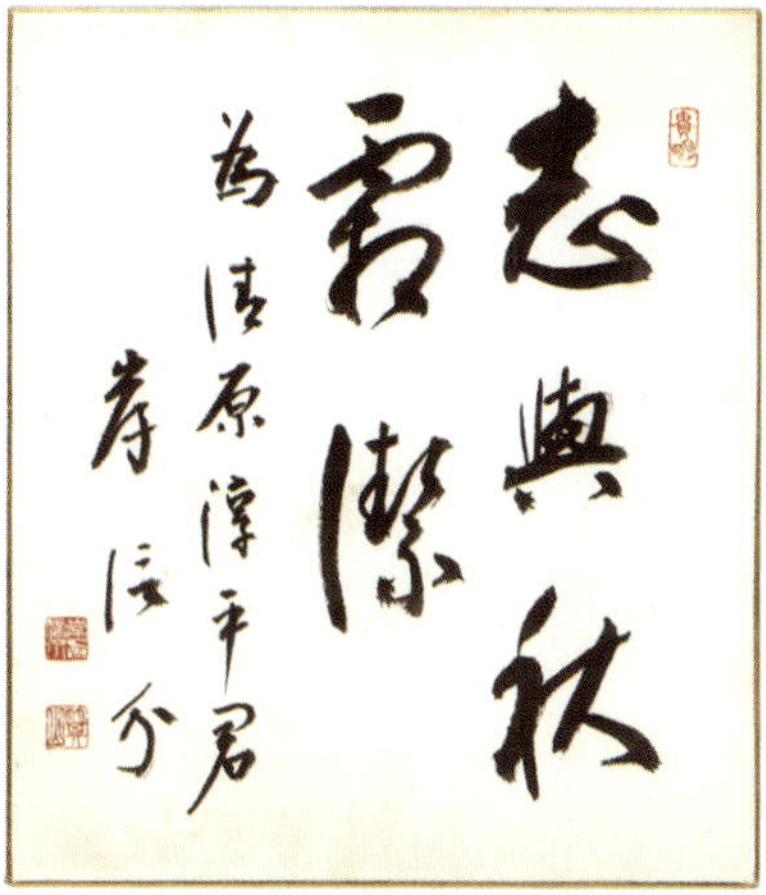

D．志は　秋霜とともに潔し

この色紙は、昭和 61 年春ごろ、近年のご心境を、とお願いしたところ、書いてくださった。すばらしいご心境である。

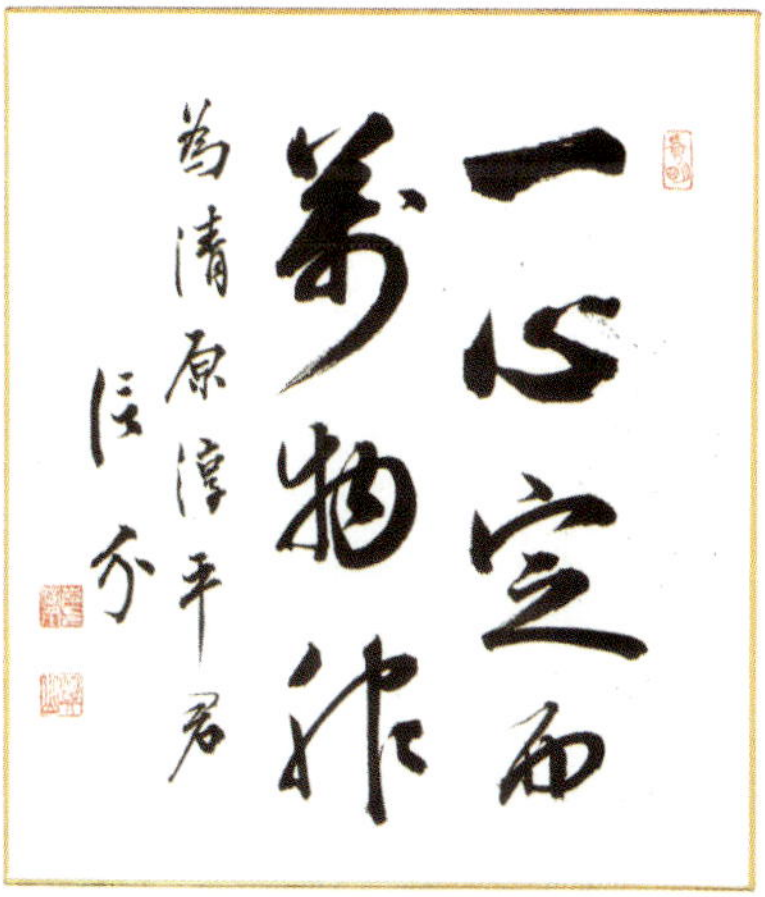

C．一心定まって　万物服す

この書は、昭和 59 年秋ごろにいただいた。私が、岸信介先生の志を継ぐ決意で活動していることを、認めてくださったものか。

E．第 10 回（昭和 54 年 5 月 3 日）国民大会　岸信介会長の講演

F．第 45 回（平成 26 年）国民大会の正面壇上。会長講演をする清原淳平

岸信介元総理の志　憲法改正

目　次

まえがき……3
第一章　岸信介元総理から四団体の執行委嘱を受けた経緯……7
第二章　岸信介元総理の「志」……21
1　岸信介会長の合法的・合理的改憲論……22
2　敵をつくるな、「いずれ、分かるよ」……25
3　「一誠　兆人を感ぜしむ」……28
4　岸信介先生は、なぜ、昭和三十五年の「日米安全保障条約改訂」に命を賭けたか。……32
5　「一心定まって、万物服す」「志は、秋霜とともに、潔し」……35
第三章　国民大会での写真・記録（昭和五十四年〜同五十六年）……41
毎年五月三日の国民大会について……42
第一〇回（昭和五十四年）国民大会　岸信介会長と会場風景……44
第十一回（昭和五十五年）国民大会　岸信介会長と会場風景……45

第十二回（昭和五十六年）国民大会　岸信介会長と会場風景……46
第四章　岸信介会長時代の大会報告号……47
第十三回（昭和五十七年）国民大会……49
第十四回（昭和五十八年）国民大会……81
第十七回（昭和六十一年）国民大会……113
第十八回（昭和六十二年）国民大会……145
岸信介会長追悼特別号……177
あとがき……205

まえがき

安倍晋三総理が「現行日本国憲法の改正」を提唱していることは、よく知られている。そして、年輩の方々は、安倍総理の御祖父・岸信介総理が「憲法改正」に熱心であったことを記憶しておられる方も多いと思う。

ただ、岸信介元総理が、憲法改正論者であるとともに、総理大臣の時に日米安保条約改訂を進めて、昭和三十五年（一九六〇年）に、反対派によるいわゆる「安保騒動」が起き、その前後に、岸信介総理批判の論評や書物が多く出て、それに「昭和の妖怪」「悪運」などと書かれたため、それを種本とした論評・書物が今日でも多く、悪人扱いされている。

しかし、岸信介総理については、その人物・識見が、正しく評価されていないと思う。私は、たまたま、岸先生が総理の時、ご面識を得たこともあり、のちにその創立にかかる四団体の実務執行役員に任ぜられたことから、その人格・志に接することができた。そこで、岸信介元総理の汚名を晴らすべく、筆を採った次第である。

ただ、私がお預かりした四団体はいずれも、いわばシンクタンクで、幅広い活動をしてきたが、この本では、岸信介元総理の「日米安保条約改訂」と「現行日本国憲法改正」への信念・執心に焦点を絞って、その「志」「真意」を明らかにしていきたい、と思う。

それは、岸信介元総理晩年の約十年間を中心とするものだが、私が、単に、岸元総理から「こう聞いた」「ああ聞いた」と書いても、身内の発言として信用してもらえまい。

そこで、私が、岸信介会長から「自主憲法期成議員同盟」ならびに「自主憲法制定国民会議」の両団体の事務局長に任命され、また、毎年五月三日に両団体共催にて開催された「自主憲法制定国民大会」(別称「新しい憲法をつくる国民大会」)の大会事務局長を務めた昭和五十四年(一九七九年)からの写真・記録が、『国民大会報告号』(題字「憲法」は岸信介元総理による)が、現在も残っており、そこには、岸信介元総理の演説が掲載されているので、この書籍の第四章に、その資料を復刻する形で、掲載させていただくことにした。

その内容は、岸信介会長の写真・発言はもちろんのこと、参会者の発言も載っており、当時の参会者の熱意を察していただける、いわば「歴史的証言」でもあるので、岸信介元総理の実像を知るために、なにとぞご一読をいただきたい。

なお、前述のごとく、私は、この「自主憲法」の執行役員になる前年、岸信介元総理が創立した「財団法人　協和協会」の執行役員に任ぜられ、そちらの方は、戦前・戦中・戦後に活躍された錚々たる方々が参加して、月二回も月例講話会を開催し、講演のあと時間がある時は、日本が敗戦の憂き目を見た原因、この日本をどう再建していくかを熱心に検討した。この「財団法人　協和協会」においても、やはり、岸信介会長が題字を書かれた『提言』と題する冊子も発行してきた。そこには、岸信介会長が、亡くなるまで、巻頭言を書かれている。岸信介先生の真の姿を明らかにするため、これもいずれ復刻したい。

それは、ともかく、本書では、私が昭和五十四年から「自主憲法」の執行役員に任ぜられ、毎年五月三日に開催するその第十回国民大会から今年（平成二十七年）の第四十六回国民大会まで、三十六年間にわたり、実務を執行してきたのも、岸信介会長の「志」に発することを、後世のため、明らかにしておきたい。

平成二十七年五月三日

著者　清　原　淳　平

第一章　岸信介元総理から四団体の執行委嘱を受けた経緯

「人間は、裸で生まれ、裸で死んで行く。あの世へ財産を持って行けない。死ぬ時に、大切なのは、自分は、全力を挙げて人生を生きてきた。また、すばらしい人と出会えた、という思い出であろう。」これは、事業家であった私の父親の言葉である。

いま、私は、この言葉を痛感しており、岸信介先生を懐かしく思い出している。

そこで、私事になって申し訳ないが、私が、岸信介先生から、その創立にかかる四団体の実務執行を仰せつかるにいたる、それまでの経緯をたどらせていただきたい。

父親は、十三歳のとき、信州の柏原（現在は信濃町）から、志を立て、二日がかりで、東京に出てきたという。明治三十六年頃の話である。そして、東京の溜池あたりでまた日が暮れそうになり、途方に暮れていた時、車（当時のことだから人力車）でたまたま通りかかった紳士が、「坊、どうした。行くところのあてがあるのか？」と声をかけた。

そこで、「あてはありません」と答えると、「では、この車のあとを付いてこい」といわれるので付いて行くと、その方は、若宮貞夫代議士（のち政友会幹事長など）であり、その邸宅の書生になったという。

その若宮貞夫夫妻は、大層よい人で、子息一人、女子三人いたが、隔てなく目を掛けてくれたので、一生懸命働いたという。そして、夜、三畳の自室に戻っても、灯油をつけるのは遠慮して、当時、街灯として中心市街の通りにあったガス灯の下に行って、その下で、書物を読んで勉強したという。

そして、父親は、若宮家から、内務省の工手学校（今の工学院大学の前身）へ通わせてもらい、内務省の技官として、当時、氾濫しやすかった利根川の河川改修で、成田地区を担当したという。その間、父親は、煉瓦積み建築を研究し、時の政府も、木造家屋では火災に弱いので、官庁関係庁舎を煉瓦建築にする方針を立てたので、内務省を退官して、設計・建築会社を設立し、特に東京市内の郵便局の煉瓦化にあたり、それで、資産をつくり、また、他に各種事業を手掛けていた。

私は、四～五歳の物心つくころには、その父親が私をどこへでも連れ歩いた。学校に入っても、父親は土日でも事業地を回るので、私も一緒であった。そのお陰で、私は、国会関係でも、当時の何人もの議員の事務所へも連れて行かれた。また、父親は、連れ歩く間にも、地理的な説明や昔話をしてくれるので、のちに、成人して年配の方に会っても「君は、明治時代のこともよく知っているね」とかわいがってもらった。

しかし、大学三年の時、その父親が脳溢血で急逝し、私のショックは大きく、「人生なんぞや」「自分はなんのために生きているのか」など、大いに悩んで、選択外の哲学の教授の講義を聞き歩いたりした。幸い、奨学金を得て大学院に入り、世界経済論を専攻した。博士課程では、経済学はケインズやサミュエルソン、経営学はドラッカーを学んだ。

ただ、そのころ、指導教授が総長選挙に立候補し、対立相手教授との間で、激しい中傷合戦となり、その中傷ビラなどが、助手・助教授クラスで作られていることを知り、大学教授の表面の綺麗さの裏には、ひどい醜さがあることを知り、大学教授となる気は失せてしまった。

そうした折、父親との関係で知っていた石川県選出の五坪茂雄衆議院議員が、議員引退後、西武の総帥・堤康次郎衆議院議員（衆議院議長も務めた）の顧問を務めていたので、相談に行くと、その堤康次郎総帥（西武では大将と呼ぶ習わし）の秘書室に入れという。

そこで、私は、当時、日本一の土地持ちで大事業家・西武系総帥の秘書になれば、これまで大学院で勉強したことが、実際に活きるのではないかと考え、五坪顧問の言葉に従い、旧迎賓館跡に住まいのある広尾の堤康次郎邸内の秘書室に勤務することになった。

しかし、実際に堤康次郎総帥秘書室に入ってみると、秘書役というのは、初めに期待した学問を活かすというものではなく。三日に一日は泊まり込む。泊まりの日でなくても、最終電車で帰って始発電車で出勤する状況で、毎日四時間とは眠れなかった。ただし、西武では、決して悪いことばかりではなく、堤康次郎総帥が、日本一の土地持ちになった方式や、東急との箱根山戦争の実情など、学ぶこともできた。

そして、何よりも、日本最高の人物にお目にかかる機会を得た。堤康次郎元衆議院議長は、吉田茂元総理と当時現職の岸信介総理とを大層尊敬しておられた。時あたかも六〇年安保騒動の時で、堤総帥は、月に一度程度、箱根の湯の花プリンスホテルで、吉田茂元総理と岸信介総理をお招きし、清談会（慰労食事会）を催した。

その際に、清原は、堤総帥から指名されて、そのお供をしたことで、吉田茂元総理と岸信介総理の謦咳《けいがい》にも接することができた。この点は、ほかにも書いているので割愛する。しかし、毎日四時間とは眠れない生活であったため、熱っぽいのでなんとか医者に行ったら、肋膜炎と診断された。堤康次郎会長に申し出ると、止むをえないと退職は認めてくれたが、病名のことは口止めされた。あとで、川島執事長が、かなりの見舞金を渡してくれた。

なお、上掲の写真は、当時の総理官邸内の総理応接室にて、堤康次郎衆議院議員・元衆議院議長が、岸信介総理へ陳情のため、滋賀県の議員たちを同伴して、陳情している場面。後列の眼鏡は、二十七歳ごろの清原淳平。

さて、肋膜は結核の一種で、当時、死病とされていたので、悩んだが、よい医師に恵まれ、アメリカで開発した結核の新薬・抗生物質ストレプトマイシンのお陰で治ってきた。そして、結婚して板橋区へ住まい、何をするか考えた結果、西武にいた時、東急・西武の箱根山戦争を見て、法律の必要なことを痛感したので、司法試験仲間を見つけ、その勉強会に入った。しかし、何年かするうち、胸に手を当ててみて、裁判官・検察官・弁護士はいずれも立派な仕事ではあるが、犯罪や紛争関係へ関与する仕事は、自分の性格には合わないと思い始めた。

そして、心の中で頭を持ち上げてきたのが、大学・大学院時代にも悩んだ「人間の生き方・意義」であった。つまり、大学時代の哲学青年に戻ることが避けられなくなった。そこで近くの図書館に通い、まず、西洋哲学から、勉強に取り組んだ。

そして、数年後、遠くソクラテス対アリストテレスの系譜から、中世・近代の哲学を分析し、そして、特に近世のカント対ヘーゲルへの系譜を研究し、自分なりの納得も得たので、書物にして世に問おうと考えたが、哲学書の出版は厳しいと聞き、それでは、哲学を実際に適用できるのは教育だと思い、教育改革を訴える書物『この教育をどうする！』を書き上げ、教育図書の雄・「第一法規出版」へ持ち込んだ。すると、そこの編集長が評価してくれ、上梓《じょうし》することができた（昭和四十八年十二月）。

この著書は、かなりの反応があり、政・財・官・学・民の各界の有力者から、賛同のお手紙をいただいた。それに気を良くして、前記の哲学書を「第一法規」へ見せたところ、前著『この教育をどうする！』の成果が多少あったせいか、出版しようと言ってくれた。その題名について、私は、『相対的価値観養成教育への勧め』としたいと言ったところ、編集長は、そうした固い表題では売れませんよと言うので、任せた結果、『人づくり世直しを考える！』との表題を付けてくれた。

そこで、前著に賛同のお手紙をくださった方々に推薦のお願いをしたところ、そのほとんどの方が推薦者になってくださった。特に「財団法人　新聞通信調査会」の岡村二一理事長が「この書は、救世の快著である」との書評をくださったのをはじめ、櫻田武日本経済団体連合会会長、小島徹三自民党衆議院議員・元法務大臣、竹本孫一民社党衆議院議員から、懇篤なる推薦文を頂戴し、また、御手洗毅キヤノン㈱創立会長、町村金五参議院議員・元自治大臣、松前重義東海大学総長ほか知名人が、出版社からの要請に応じ、この本の帯にお名前を掲げてくださった。（この『人づくり世直しを考える！』は昭和五十一年十月刊行）

そうして二年ほど経った昭和五十三年秋、前記の小島徹三先生（元法務大臣）ほか千葉三郎元衆議院議員（元労働大臣）、また植竹春彦元参議院議員（元郵政大臣）の方々から、「岸信介元総理が、昭和四十九年に創立した『財団法人　協和協会』が、実務執行者に人を得ず、活動が停止しているので、君がやらないか。岸信介会長に引き合わせる」とのお話があった。そこで、何日か経って、日本石油本館三階にある岸事務所へ、参上した。

そして、岸信介元総理にお目にかかった際、安保騒動の時、堤康次郎西武総帥のもとにいて、箱根の「湯の花プリンスホテル」でご面識を得たことをお話すると、岸信介先生は「ああ、君か。あの時はご苦労をかけたね」と労ってくださった。そして、すぐ「財団法人　協和協会」の執行をやってくれ、とのお言葉。

そこで、私は「その財団は、何を目的とする団体ですか」とお尋ねすると、「政党・派閥・利害・打算の次元を超えて、真に国家的課題を検討し、時の政府へ進言することだ」との趣旨で緊張した。私は、次に「どういう方々にご参加いただくのですか」と申し上げると、「政・財・官・学・民の各界から、勲三等以上の叙勲者ないしその可能性ある人物を中心としたい」とのお言葉。私は、権威主義に思えて驚いたが、岸信介先生は続いて、「私は、いろいろな団体の会長等を務めているが、それらの団体には、立派な人物もいるが、野心的・欲得づくの人間も入っている。これでは真に国家的な課題を検討できない。したがって、天皇陛下の御前で、叙勲を受ける勲三等以上であれば、真に国家的課題を検討できると考えてのことだ」とのご趣旨であった。

私は、納得はしたが、身が引き締まる思いで、「私は四十六歳なので、その役目は荷が重過ぎます」とご辞退すると、岸先生は呵々《かか》大笑され、「君ならできるよ。君を財団の規約上、ただ一人の常務理事兼事務局長に任命する。私が後ろ盾になるから、やってくれ」とのお言葉。そこで、私は、そこまでおっしゃられる以上は、と思い、「全力を挙げて、努力いたします」と申し上げ、お受けする決意を固めた。

それからが大変で、私は、上述の私の人脈はもちろん、岸内閣で閣僚を務めた方をはじめ、この方ならと思われる方を選考して、お願いに回った。そして、二カ月後の昭和五十四年一月十六日に、議員会館の会議室でよいと言われるので、まずは、政・財・官・学・民の各界の経験者七十人ほどにお集まりいただき、顔合わせ初会合を持ち、二月以降から毎月二回の月例会を開始した次第である。

ところが、その二月の月例会の折に、「私が会長をしている『自主憲法期成議員同盟』と『自主憲法制定国民会議』の両団体の事務局長もやってくれ」とのお言葉。これには、私も驚いて、「私は、㈶協和協会への会員参加のお願いだけで手いっぱいです」と辞退したが、岸先生は、ここでも呵々大笑され、「君ならできるよ。自主憲法は自民党の党是であり、私は、自由民主党の中の自民党総合政策研究所の会長もしている。その事務所が、衆議院第一議員会館の一階にあるから、そこを使ってくれ」といわれ、お受けするほかなかった。その時は、植竹春彦元参議院議員（岸内閣の郵政大臣）が一緒で、そのあと、その事務所を見に連れて行かれた。

こうして、私は、先に任命された「財団法人　協和協会」の実務執行に加えて、続いて「自主憲法期成議員同盟」と「自主憲法制定国民会議」の三団体の実務執行を命ぜられ、大変な忙しさとなったが、しかし、前述した、西武グループの堤康次郎総帥のところで、毎日四時間足らずしか眠られなかったことを思えば、苦にならず、また、岸信介会長のお志に触れて、気力が高揚していたし、また、すべてお任せくださったので、気持ちの上では、随分と楽で、楽しく務めさせていただいた。

そこで、次の項では、岸信介会長の「志」の中身に触れていくが、ここで、お断りしておかなければならないのは、そうした「お志」を体得できたのは、「自主憲法」団体でお目にかかる時よりも、前述の「財団法人　協和協会」の集会（月例会）においてであった。

すなわち、「自主憲法」の議員と国民の二団体の方も、昭和五十四年秋から、憲法学者有志のご参加を得て、月に一度、「自主憲法研究会」を開催していたが、岸信介会長は、東京帝国大学法学部で首席を争うほど法律の勉強をしておられ、また、内閣総理大臣の時、国会内に「憲法調査会」を設けようとされたが、反対野党が多く断念して、内閣の中に、「内閣憲法調査会」を設置し、その調査会の審議内容に目を通しておられ、憲法改正問題に詳しかったので、両団体が始めた「自主憲法研究会」には出席されることはなかったが、毎年五月三日開催の国民大会へは必ず出席して、熱心に講演をされた。（後掲記録参照）

したがって、次の項で取り上げる憲法改正に関すること、安全保障条約改正に関すること、安保騒動でのこと、などについてのお話は、戦前・戦中・戦後の指導者クラスが参加して、月二回開催していた㈶協和協会の月例会にて、日本がなぜ未曽有の敗戦を喫したのか、その原因、これからの日本をどういう形にすべきか、等々を論議された際に、耳にしたことであることは、ここに、予《あらかじ》めお断りしておきたい。

なお、この「財団法人　協和協会」（公益法人法の新法により、平成二十五年に、公益性を再取得したので、現在は、「公益財団法人　協和協会」）においては、昭和五十四年二月以降、毎月、二回、月例会を開催し、また、その内部に各種部会や委員会を設置し、その際、時の政府へ進言すべきと判断された内容は、政府宛要請書にまとめて、政府へ提出した。

そして、月例講話会の講話や政府宛要請書の内容は、岸信介会長が書かれた『提言』との題字を掲げた機関誌を、年に四回ほど発行していた。岸信介先生が亡くなられるまでに三十冊ほどになる。また、この機関誌『提言』には、ほとんどには、岸信介会長が巻頭言を書かれている。この『提言』も、いずれ復刻して、皆様に提供したい、と念じている。

第二章　岸信介元総理の「志」

1　岸信介会長の合法的・合理的改憲論

昭和五十四年二月初旬に、岸信介会長から、「自主憲法期成議員同盟」と「自主憲法制定国民会議」の事務局長を委嘱された清原淳平は、その活動の中心となる衆議院第一議員会館一階の事務所に赴き、そこにいた方に、会員名簿をいただきたい、とお願いすると、参加団体名簿はあるが、個人会員は二百人もいないような話。近年の五月三日の国民大会に参加した方も、明治神宮の参集殿で集まったぐらいで二百人程度との話で、私は驚いた。

そこで、二月下旬ごろの協和協会月例会の折に、会議が始まる前に到着されていた岸信介会長にお尋ねした。「岸先生、私は、十年近く前に、新聞紙上で、毎年五月三日に武道館で一万人もの参加者が集まり、国民大会をされておられる記事を読んだ記憶があるのですが、近年は、せいぜい二百人程度しか集まらないとの情報を聞き、驚いています。どういうわけなのでしょうか？」

それに対する岸信介会長のお話は、概略すると、たしかに、昭和四十四年に国民大会が始まったあとの数年間は、あの広い武道館にて盛大な国民大会をした。しかし、昭和四十七年ごろ、国民大会に最も人を集めている団体の長から、面会したいとの申し入れがあったので、二人で会談した。その時、その団体の長から、自分は、現行憲法無効・明治憲法復元を信念としている。しかし、これまでの国民大会で、岸信介先生から、そうしたご発言はない。次の国民大会では、ぜひ、現行憲法無効・明治憲法復元を明言していただきたい、と言われた。

そこで、私は、日本が独立して十年ぐらいの間ならば、それは可能だが、もう二十年以上も経った現在では、それは、できませんよ、と答えた。するとその長は、なぜですか、という。それに対し、私は、現行憲法無効・明治憲法復元となると、この二十年間に執行された政治判断、各種法律政令、また、これまでの裁判の結果は、その元となる憲法が無効となるのだから、再審請求を起こされてもやむを得ない。すると、社会は大混乱となるよ。また、昭和五十七年の独立直後ならともかく、いまになって、現行憲法無効・明治憲法復元となると、それは合法的改憲ではなく、革命となってしまう。そうなると、国民ははたして、ついてくるかね、と答えたんだよ、との趣旨のお話であった。

このお話に対し、私も、西武グループの堤康次郎総帥の秘書室にいた際、今後、社会活動をするには法律が必要だと考えたので、病気退職後、司法試験仲間に入り勉強していた時、憲法学については、当初、国家試験に有利とされた宮沢俊義東大教授の書いた「憲法学」を読んだが、その学説は、日本は、敗戦によりポツダム宣言を受諾した昭和二十年八月十五日を以て、日本は君主主権から国民主権に変わったのだから革命が起きたとするが、私は、この革命説はおかしいと思い、あえて清宮四郎東北大学教授の「憲法学」の方を勉強したので、私は、岸先生のお考えは正しいと思い、賛意を表した。

そして、岸信介会長は、そうして、大手団体の長との会談で、その長が了解してくれたかと思ったが、別に喧嘩したわけではなく、穏やかに会談が終わったのだが、しかし、それから、その現行憲法無効・明治憲法復元の大手団体は参加しなくなり、それに同調する団体も多く、その結果、私を中心とする憲法改正の集会は、少数になっている。

しかし、私は、独立後、数十年経った今日では、革命的に現行憲法無効・明治憲法復元をすることは不可能で、私は、あくまで、合法的・合理的改憲を考えている。君も、この自主憲法の運動をやってくれるなら、この考え方（路線）を守って、進めていってほしいと言われ、私も、その方針を守ります、とお答えした。

2　敵をつくるな、「いずれ、分かるよ」

岸信介会長の方針を守ると表明した時か、それから日時を経た時か定かではないが、私は、岸信介会長に、そうした考えの違う方たちを、ご説得するかどうかをご相談した。すると、岸会長は、意見の違う人たちは、それぞれ政治的信念や宗教的信念があってのことだから、いま、あえて説得しようとしても、反発されるだけで、むずかしい。そういう人たちも、「いずれ、分かるよ」と言われた。ただ、この自主憲法運動を、第九十六条の改正手続で進めようとすると、考え方の違う人たちも抱き込まねば出来ないから、そうした考えの違う人たちを、敵に回さないようにせよ、とのご指示があった。

それ以来、私は、同じ改憲派に属していても、手段方法の違う人、さらには、いわゆる護憲派の人でも、岸信介会長がよく言われた「いずれ、分かるよ」の考えで、そういう人たちを敵にまわしたり、攻撃したりしないよう、心がけてきている。

岸信介先生のこの考えは、思い返せば、ずっと以前からである。すなわち、岸先生が内閣総理大臣になられ、ご信念に基づいて、当初、国会内（衆・参議院）に憲法調査会を設置しようと努力されたが、改憲反対の勢力が強い時代で、それが出来ないと判断されると、岸総理は、国会ではなく、内閣の中に「内閣憲法調査会」を設置された。そして、その委員構成に、十席ほどの空席をおき、改憲反対の野党からでも、いつでも、参加できるようにされていた。

岸信介総理が創設したこの「内閣憲法調査会」は、岸先生が退陣されても、池田内閣に引き継がれ、池田内閣の末期にその結果の答申が出されている。岸先生は、この「内閣憲法調査会」の審議内容に目を通されていたという。私も、国立国会図書館などで読んでみたが、改憲反対派が参加しなかったせいか、両論併記などがなく、むしろ論理がすっきりしていて、今日でも参考になるように思う。

さて、昭和五十四年新春に、「自主憲法」の議員同盟と国民会議の実務執行を命ぜられた私は、ともかく、その年の五月三日の国民大会を、何としても、実現しなければならない。そこで、私は、上述した岸信介会長の指示に従い、ともかく「自主憲法」の団体名簿に名のある団体に頭を下げて、五月三日の国民大会に参加していただきたい、とお願いに回った。しかし、その準備期間が二カ月しかないので、それほど成果はなく、この年の「第十回　自主憲法制定国民大会」は、二百人ほどしか席のない明治神宮の参集殿にて、執り行わざるを得なかった。

その後、私は、自主憲法の方も、前述の㈶協和協会の方と同様、毎月、勉強会を開催したいと考え、そこで、学会の中でも、改憲志向の「憲法学会」理事長を訪ね、お願いに出た結果、快く引き受けてくださり、この昭和五十四年秋から、毎月、その「憲法学会」の学者有志の参加を得て、「自主憲法研究会」を開催することが出来た。（この「自主憲法研究会」は、今日も続いている）

毎年五月三日の国民大会の方は、翌年も、岸信介会長の指示に従い、辞を低くして、各団体にお願いに出たが、昭和五十五年の第十一回国民大会も参加者が少なかった。

その次の第十二回国民大会は、議員同盟の愛知県出身・八木一郎参議院議員と相談の結果、全国知事会会長の桑原幹根愛知県知事が、岸信介先生を尊敬され、改憲にも熱心と聞いたので、愛知県に出向いてお願いし、名古屋市にて三千人大会をすることができた。もちろん岸信介会長も参加され、三千人を前に熱弁を振るわれた。

この国民大会が大成功であったことを賞してか、その秋に、岸信介会長からお呼び出しがあり、戴いたのが、この本の冒頭にカラーで掲げたA『以国家興亡為己任　置個人生死於度外』（国家の興亡を以て己の任となし、個人の生死を度外に置く）の掛け軸である。この掛け軸には、その箱書きまで添えてくださった。

私は、この書を戴いて、岸信介会長の「志」を痛感し、これを座右の銘とし、岸先生に到底、及ばずといえど、岸先生の「志」を継いでいこうと決心し、今日に及んでいる。

3 「一誠　兆人を感ぜしむ」

昭和五十七年十一月、中曽根康弘内閣が誕生すると、中曽根総理が憲法改正志向の発言をされたことから、岸信介会長は私に、「中曽根君が、憲法改正すると表明しているから、支援しなければならない。それにつけて、私が会長をする自主憲法期成議員同盟の会員が、いま、五十人ほどしかいないから、この議員同盟を極力増やしたい。それを、君にやってもらいたい」とのご趣旨。私は、「自主憲」の国民会議、「㈶協和協会」の日常活動もあり、厳しかったが、岸先生の「志」へ共鳴していたので、すぐ、お言葉に従い、それから、毎日、衆議院第一議員会館・同第二議員会館、そして参議院議員会館の各議員室を訪ねて駆け回った。

そして、翌昭和五十八年四月十五日までに、三百八人の大議員同盟を結成することができた。

（次のページに掲載した、自主憲法期成議員同盟の一覧表、参照）

そこで、岸信介会長にその一覧表を提出すると、岸会長は大層喜んでくださった。そして、しばらくして、岸事務所に呼ばれ、いただいたのが、この本の冒頭のカラーのBにある『一誠感兆人』（一誠　兆人を感ぜしむ）であった。

岸信介先生のご解説によれば、その原典は、吉田松陰が、その心友で、耳は全く聞こえず言語不自由でもあったが、勉強して神・儒・仏の三道に通暁した傑僧・宇都宮黙霖とのたくさんの交換書簡の中で、松陰が黙霖へ宛てた手紙の中に「上人（黙霖のこと）の心、一筆一人を誅す。吾が心、一誠、一人を感ぜしむ。」と書き送ったものから採ったものだ。ただ、私は、その「一人を感ぜしむ」のところを、「兆人を感ぜしむ」に代えたのだ、と言われた。私としては、この書をいただいたことは、人生最大の感動であった。

自主憲法期成議員同盟会員（国会議員関係）

敬称略

役員名簿

敬称略

自主憲法期成議員同盟
昭五八・四・一五現在

会長　岸　信介（元総理大臣）

顧問（就任順　主たる経歴）
小島徹三（元法務大臣）
稲葉　修（元法務大臣）
池田清志（元大蔵政務次官）
植竹春彦（元郵政大臣）
福田赳夫（元総理大臣）
田中角栄（元総理大臣）
安井　謙（元参議院議長）
坊　秀男（元大蔵大臣）
灘尾弘吉（元衆議院議長）

副会長（就任順　主たる経歴）
町村金五（元自治大臣）
桜内義雄（前外務大臣）
瀬戸山三男（文部大臣）
郡　祐一（元法務大臣）
増田甲子七（各大臣歴任）
田中龍夫（元文部大臣）
二階堂進（自民党幹事長）
田中六助（自民党政調会長）
細田吉蔵（自民党総務会長）

常任理事（就任順）
八木一郎　木村睦男　中尾栄一
岩動道行　吹田愰　大野明　木村剛輔　加藤六月　奥野誠亮
後藤田正晴　海部俊樹　板垣正　岩上二郎　安田貴六　古川丈吉　塩川正十郎

衆議院議員（県別五十音順）・参議院議員 地方区

都道府県	衆議院議員	参議院議員 地方区
北海道	上草義輝　箕輪登　川田正則　安田貴六　三枝三郎　高橋辰夫	岩本政光　高木正明　北修二
青森県	木村守男　田名部匡省　竹内黎一　津島雄二　竹中修一　田沢吉郎	山崎竜男
岩手県	工藤巌　玉沢徳一郎　椎名素夫　志賀節　鈴木善幸	岩動道行
宮城県	愛知和男　三塚博　伊藤宗一郎　内海英男　長谷川峻	遠藤要
秋田県	石田博英　佐々木義武　根本龍太郎　村岡兼造	佐々木満　野呂田芳成
山形県	鹿野道彦　近藤鉄雄	安孫子藤吉　降矢敬義
福島県	天野光晴　八田貞義　亀岡高夫　粟山明　斎藤邦吉　渡部恒三　渋谷直蔵	鈴木正一　鈴木省吾
茨城県	赤城宗徳　梶山静六　狩野明男　中山利生	岩上二郎　郡祐一
栃木県	稲村利幸　渡辺美智雄　植竹繁雄　藤尾正行　船田元	岩崎純三　大島友治
群馬県	小渕恵三　中曽根康弘　久保田円次　長谷川四郎　熊川次男　福田赳夫　中島源太郎	福田宏一　山本富雄
埼玉県	青木正久　浜田卓二郎　鴨田利太郎　松永光　小宮山重四郎　三ツ林弥太郎　野中英二	名尾良孝
千葉県	池田淳　泰道三八　石橋一弥　中村正三郎　臼井日出男　林大幹　染谷誠　森美秀	井上裕　臼井荘一
東京都	石原慎太郎　鯨岡兵輔　大塚雄司　島村宜伸　越智通雄　中村靖　粕谷茂　浜野剛	原文兵衛　安井謙
神奈川県	小此木彦三郎　戸沢政方　亀井善之　小泉純一郎　佐藤一郎	秦野章
新潟県	小沢辰男　田中角栄　近藤元次　村山達雄　桜井新　渡辺紘三　佐藤隆　渡辺秀央	
富山県	住栄作　玉生孝久　野上徹　綿貫民輔	高平公友
石川県	奥田敬和　森喜朗	
福井県	平泉渉　福田一　牧野隆守	熊谷太三郎　山内一郎
山梨県	金丸信　田邉國男　中尾栄一	中村太郎　降矢敬雄
長野県	小川平二　羽田孜　唐沢俊二郎　宮下創平　倉石忠雄　小坂善太郎	
岐阜県	大野明　古屋亨　武藤嘉文　渡辺栄一	杉山令肇　藤井孝男
静岡県	斉藤滋与史　佐野嘉吉　原田昇左右	戸塚進也
愛知県	稲垣実男　江崎真澄　丹羽兵助　今枝敬雄　海部俊樹　水平豊彦　上村千一郎　久野忠治　村田敬次郎　浦野烋興　中野四郎	大木浩　八木一郎

参議院議員 全国区（五十音順）

石本茂　板垣正　井上孝　岡部三郎　長田裕二　梶木又三　梶原清　片山正英　源田実　古賀雷四郎　坂野重信　山東昭子　志村愛子　高橋圭三　竹内潔　田中正巳　玉置和郎　内藤誉三郎　西村尚治　鳩山威一郎　林寛子　福島茂夫　藤井裕久　堀江正夫　町村金五　円山雅也　村上正邦

前・元議員（五十音順）

青井政美　青木作雄　青田源太郎　青柳一郎　東舜英　有田喜一　池田清志　石原幹市郎　井手光治　伊藤郷一　稲葉修　井原岸高　伊能芳雄　今泉正二　植竹春彦　宇田国栄　内田芳郎　宇野亨　大沢嘉平治　大野市郎　押谷富三　小幡治和　鹿島俊雄　加藤陽三　豊田雅孝　中川以良　永田節　中谷武世　中津井真　中村登美　中村庸一郎　西村英一　野田卯一　信正義雄　野村専太郎　浜田尚友　浜地文平　原玉重　福井勇　藤川一秋　藤原節夫　二木謙吾　古川丈吉　降旗徳弥　保科善四郎　星野靖之助　坊秀男　前田治一郎

理事（五十音順）

衆議院

麻生太郎 石原慎太郎 伊藤宗一郎 稲垣実男 上草義輝 江﨑真澄 江藤隆美 大塚雄司 大村襄治 越智伊平 越智通雄 小渕恵三 梶山静六 金子岩三 鹿野道彦 亀井静香 熊川次男 倉石忠雄 近藤元次 佐藤信二 左藤恵 佐藤守良 志賀節 住栄作 関谷勝嗣 高橋辰夫 玉沢徳一郎 戸沢政方 中野四郎 橋本龍太郎 八田貞義 平沼赳夫 船田元 水平豊彦 三塚博 村田敬次郎 武藤嘉文 森下元晴 森清 綿貫民輔

参議院

稲嶺一郎 岩本政光 上田稔 遠藤政夫 源田実 後藤正夫 玉置和郎 中西一郎 林寛子 福岡日出麿 藤井裕久

前国会議員

佐々木盛雄 浜田尚友 保科善四郎

監事

福井勇 藤原節夫

三重県 滋賀県 京都府 大阪府 兵庫県 奈良県 和歌山県 鳥取県 島根県 岡山県 広島県 山口県 徳島県 香川県 愛媛県 高知県 福岡県 佐賀県 長崎県 熊本県 大分県 宮崎県 鹿児島県 沖縄県

木村俊夫 宇野宗佑 木野晴夫 原田憲 河本敏夫 渡海元三郎 奥野誠亮 正示啓次郎 相沢英之 桜内義雄 逢沢英雄 平沼赳夫 亀井静香 安倍晋太郎 林義郎 後藤田正晴 木村武千代 今井勇 毛利松平 大西正男 麻生太郎 楢橋進 愛野興一郎 金子岩三 北口博 福島譲二 佐藤文生 江藤隆美 堀之内久男 有馬元治 宮崎茂一 小渡三郎

田村元 山下元利 左藤恵 砂田重民 永田亮一 前田正男 中西啓介 竹下登 大村襄治 藤井勝志 佐藤守良 高村正彦 吹田愰 森下元晴 藤本孝雄 越智伊平 森清 田村良平 太田誠一 三原朝雄 保利耕輔 白浜仁吉 坂田道太 藤田義光 田原隆 大原一三 小里貞利 山崎武三郎 国場幸昌

野呂恭一 塩川正十郎 谷洋一 原健三郎 細田吉蔵 加藤六月 谷川和穂 佐藤信二 塩崎潤 古賀誠 山崎拓 三池信 中村弘海 園田直 畑英次郎 小山長規 長野祐也 山中貞則

中山正暉 戸井田三郎 橋本龍太郎 灘尾弘吉 田中龍夫 関谷勝嗣 田中六助 山崎平八郎 東家嘉幸 村上勇 瀬戸山三男 二階堂進

斉藤十朗 河本嘉久蔵 上田稔 中山太郎 金井元彦 新谷寅三郎 小林国司 亀井久興 加藤武徳 江島淳 内藤健 仲川幸男 谷川寛三 遠藤政夫 大坪健一郎 中村禎二 園田清充 後藤正夫 上條勝久 川原新次郎 稲嶺一郎

森下泰 中西一郎 成相善十 木村睦男 桧垣徳太郎 藏内修治 福岡日出麿 初村滝一郎 田代由紀男 坂元親男 田原武雄 大城真順

川上為治 川野辺静 河原伊三郎 川本末治 木内四郎 菊地義郎 岸信介 岸田幸雄 木村剛輔 黒住忠行 古池信三 高村坂彦 小金義照 小島徹三 小平久雄 小林章 小林武治 小山省二 西郷吉之助 斉藤てい 榊原亨 坂村吉正 佐々木盛雄 佐治誠吉 佐瀬昌三 白井勇 高橋禎一 高城憲夫 竹内俊吉 田中重弥 田中豊 田村賢作 田村虎一 田村稔 辻寛一 徳安実蔵

前田久吉 増田甲子七 増原恵吉 松平勇雄 松本善寿 松山千恵子 三上英雄 三好竹勇 水谷昇 宮崎正雄 宮本邦彦 向山一人 村上茂利 村上春蔵 森八三一 森田重次郎 矢野登 山田久就 山中義貞 山本勝市 山本杉 山本猛夫 山本友一 山本米治 吉田敬太郎 吉永治市 渡辺一太郎 早稲田柳右エ門

現職議員三〇八人

（衆議員二一四人、参議員九四人）

前元議員一二二人

事務局長 清原淳平

4　岸信介先生は、なぜ、昭和三十五年の「日米安全保障条約改訂」に命を賭けたか。

この件については、岸先生は、よそでもお話しになっているが、「㈶協和協会」月例会の意見交換の折にも、何度か、会員から質問が出て答えておられた。いま、私が耳に残っている要旨を記しておくと、

「それはそうだよ。君、幕末から明治維新の当時を思い起こしてほしい。江戸幕府は、ロシアやイギリスやアメリカの砲艦外交に屈して、通商条約を締結したが、明治新政府になって、岩倉具視はじめ木戸孝允、大久保利通、伊藤博文など遣米欧使節団が行って調べてみて驚いたのは、江戸幕府が結んだ通商条約は、不平等条約だったんだよ。

そこで、明治維新政府は、それを、なんとか平等条約に改めるべく、大変な努力をしたんだよ。鹿鳴館などで、欧米諸国の公使を招いて、日本側も男は燕尾服、夫人たちも慣れないドレスを着てダンスパーティーをするなど、欧米並みの近代国家をアピールしたが、平等条約へもっていくのに数十年かかったのだよ。

こんどの世界大戦で破れた日本は、連合国軍の占領下におかれ、国体である天皇制の護持を条件に、マッカーサー総司令部が作った憲法も受け入れた。そして昭和二十六年九月八日、サンフランシスコ平和条約に調印して独立への道が開けたわけだが、同日、場所を移して、日米安全保障条約の調印式も行われたが、署名したのは吉田茂総理一人だけだった。それは、独立を認めてもらうため、否応もないことだったが、その安保条約は、アメリカが一方的に日本を守るという不平等・片務的条約だったのだよ。

そして、それが発効して、昭和二十七年四月二十八日、日本はともかく独立したが、その憲法にしても、日米安全保障条約にしても、『自分の国は自分で守る』という真の独立国家の体裁ではなく、不平等・片務的な内容なので、私の内閣では、明治維新政府の当時の苦労に思いを致し、丁度、改訂時期でもある日米安保条約の不平等・片務性を是正しようとしたわけだ」

との趣旨を述べておられた。

なお、六〇年（昭和三十五年）安保騒動の時の、総理官邸における岸信介総理の態度については、世上、いろいろな見聞が紹介されているが、「㈶協和協会」「自主憲法制定国民会議」の両団体の理事長を務めていた、岸信介内閣の郵政大臣・植竹春彦先生から、それこそ、耳にタコができるほど、聞いていたエピソードを紹介しておこう。

植竹春彦元郵政大臣曰く「あの安保騒動で、デモ隊のシュプレヒコールが激しい時、夜、自宅に総理官邸から電話があり、岸総理からお呼びだとのことなので、特に粗末なレインコートを羽織って出掛けたが、官邸正面からはデモ隊がいて入れないので、世間が知らない官邸の裏木戸から入って、総理執務室に入ると、岸信介総理は、長椅子に横になって、あの「安保反対」のシュプレヒコールの中、いびきをかいて、眠っておられた。

しかし、急なお呼び出しなので、「総理、総理」と声をかけると、岸先生はすぐ目覚めて、姿勢正しくキチンと座られ、言われるには、「君を呼び出したのは、デモ隊が、もし、NHKへ押し寄せて占拠して、放送でもすると大変なことになる。そこで、君は、すぐ、警視庁へ行ってNHKを守る手配をしてくれ。そして、NHKへも行って、デモ隊を阻止するように伝えてくれ」と言われた。

そこで、植竹春彦郵政大臣は、急いでまた裏木戸から出て、警視庁へ行き手配を頼みその動きを見届けてから、次にNHKへ行って総理の言葉を伝えた。その上で、それを岸総理にご報告しなければならないと思い、また、官邸の裏木戸から入って、総理執務室に入ると、岸総理はやはり長椅子で横になって眠っておられた。そこで、また、お声をかけると、すぐキチンと座り直されたので、「植竹、ご指示に従い、警視庁とＮＨＫへ行き、その手配を終わりました」と申し上げると、ニッコリ笑われ、「ご苦労さん、安心した。私も、休ませてもらうから、君も休みたまえ」と言われたので、退席した。岸信介先生の豪胆さには、本当に驚いた。この話は、本当に、耳にタコができるほど、うかがったものである。

5 「一心定まって、万物服す」「志は、秋霜とともに、潔し」

岸信介会長は、「(財)協和協会」の月例講話会には、良く出席された。そして、出席されると、姿勢を正しておられ、出席された以上、ごく少ない例外を除いて、途中、退席されることはなかった。そして、たまに、参会者の中から、満州時代に麻薬を扱ったという記事がありますが、本当ですか？などという質問があったりしたが、岸先生はにこやかにしておられ、出席していた満州時代をご一緒した会員が、「それは、Ａがしたことだよ。岸先生がそんなことをされるはずがないだろう」とたしなめていた。

たしかに、政治家の中には、「秘書が」などと他人のせいにする人が多いが、岸先生は、人を批判することはなく、「いずれ、分かるよ」と言われていた。

世間では、安保騒動前後に書かれた「昭和の妖怪」だの「悪運」だの「極右の親玉」だのといった表題や内容が「種本」となって、それを引用したり、さらに脚色したりした評伝が多いが、私が接した岸信介先生は、本当に立派な方であった。岸先生は「いずれ、分かるよ」が口癖のようであったが、世間が、いつまでたっても分かってくれないので、ここは、私が、あえて、その実像を明らかにするべく、筆をとった次第である。


なお、いただいた時期がはっきりしないが、昭和五十九年秋だったと思うが、岸先生から、やはり為書きで、冒頭のカラーの「岸信介会長の書」の中のCとして掲載してある『一心定まって、万物服す』と書かれた色紙を頂戴した。これも、岸信介会長が、よく、私のことを見てくださっていることに、感動した。

というのは、前記の中曽根康弘総理の時に、憲法改正を表明されたが、結局、国会に憲法調査会もつくられぬままに終わったし、その後でも、歴代総理は、就任にあたって、マスコミから聞かれて、「私の内閣では、憲法改正はいたしません」と言わされる有り様で、それとともに、私がお預かりした「自主憲法」運動は、厳しさを増していった。

すなわち、マスコミからは相手にされず、いわゆる護憲派からは、非難・中傷・攻撃を受ける。そしてまた、同じ改憲派に属するが、根底に現行憲法無効・明治憲法復元の考えを持つ人々からも、非難・中傷・攻撃され、まさに四面楚歌的な状況であったが、上述のように、私は、岸信介会長の路線を守って、いかなる非難・中傷・攻撃にも堪えて、この路線を継続する覚悟が出来ていた。

そうした覚悟の時に、岸信介会長から、この色紙『一心定まって、万物服す』をいただき、これは、岸会長から、私への励ましのお言葉だと思い、感動したわけである。

その後も、私は、さらに、岸信介会長に書をおねだりしたい気持ちがあったが、当時、岸先生は、以前から、岸信介内閣の大蔵大臣を務めた坊秀男元衆議院議員が、高野山の元僧籍の家の出で、その高野山真言密教の奉賛会会長を頼まれたが、自分よりはと考え、岸信介元総理にお願いした。岸家は浄土宗であったが、岸先生は快く引き受けられて、高野山での大きな法要の時は、奉賛会会長として出向かれていたという。

そして、当時、側近秘書のお話では、高野山開祖・空海上人の千百五十回忌の法要が行われる予定で、岸信介先生は、その法要の日までに、般若心経を千百五十枚写経して高野山に納める念願を立てられ、毎日、少しでも暇があれば写経をされている、と聞いていたので、そのお邪魔をしてはいけないと思い、書をお願いするのは、遠慮していた。

その千百五十枚のご写経が、ほぼ見通しがたったとうかがったころだったか、日時は定かではないが、昭和六十一年春ごろであったかもしれない。

岸信介先生にお目にかかった折に、つい、「岸先生、色紙で結構ですので、近年のご心境をお書きいただけないでしょうか」とお願いした。するとほどなく、書いてくださったとの知らせがあったので、参上して頂戴したのが、本書の冒頭のカラー「岸信介会長の書」の中のDとして掲載してある『志は　秋霜とともに　潔し』であった。

この意味は、「自分は年をとって、いまや晩年であるけれども、志は、昔と少しも変わらないよ」とおっしゃっているわけで、これには、「君も、引き続き、変わらず、私と同じ志をもって、頑張ってくれよ」とおっしゃっているように感じた。この色紙にも感動し、心の中で、どんな非難・中傷・攻撃を受けようと、くじけず、また、岸先生からお預かりしている各団体は、経営も次第に苦しくなっているが、どんな恥を忍んでも、「堪え難きを堪え、忍び難きを忍び」で、継続していくことを、岸信介先生の御魂に、誓って、いまも継続している次第である。

なお、昭和六十年の秋、岸信介会長からお呼出しがあって、日本石油本館の岸事務所に参上すると、岸会長から「私も、米寿。各団体の後任者を決めておきたい。誰にするか相談したいと思って、来てもらったのだ」と言われる。私は、「後任のトップ人事となると、会長の専権事項です。私が申し上げることではありません」と申し上げると、岸先生は呵々大笑されて、「それでは、独り言を言おう」、ややあって「㈶協和協会の方は、やはり、福田赳夫君としよう。問題は、憲法と『時代を刷新する会』の方だが、これは、憲法改正に熱心な人物でないといけないな。うーん、総理大臣経験者には熱心な者はおらんな。すると、議長経験者か。そうだ、木村睦男君が近く参議院議長を退任するから、憲法関係は木村睦男君に頼もう。私から頼んでおくから、いずれ、君も挨拶に行っておいてくれ」とのお言葉であった。木村睦男参議院議長は、議長を辞めるとすぐ、会長代行となり、岸信介会長逝去後、熱心に、会長を務めてくださった。

そして、昭和六十一年に入ると、岸信介会長の体力は次第に衰えが目立つようになったので、私も心配になり、「まず、ご体調の回復が第一ですから、本年（昭和六十一年）五月三日の第十七回国民大会へのご出席は、ご遠慮させていただきましょう」と申し上げたが、岸信介会長は「いや、参加するよ」と言われ、ご出席・講演をされた。

そこに私は、岸信介先生の憲法改正に対する並々ならぬご執念を感じ、頭が下がった。

翌昭和六十二年の第十八回国民大会は、ご病床にあったが、当日、堀渉秘書を派遣くださり、『自主憲法制定こそ、国家民族の興亡を決する鍵！』と題する長文の「会長メッセージ」が、代読された。その文章も、憲法改正への切々たる「お志」が記されており、胸をうたれた。

そして、昭和六十二年八月七日、岸事務所から、「ご危篤となられたので、病院へすぐ来てほしい」との連絡を受け、急ぎ駆けつけた。ご病室には、すでにご親族方がお集まりになって見守っておられたが、私はその後ろにずっと立っていた。岸先生の呼吸音がとまり、医師からご逝去が伝えられた。私は、まさに「巨星落つ」の思いであった。

第三章　国民大会での写真・記録

（昭和五十四年～同五十六年）

毎年五月三日の国民大会について

昭和三十年新春、政界は、左派社会党と右派社会党が合流を進めつつあるとの情報から、自由党と日本民主党の幹部は、このままでは社会党に天下をとられるとの危機感が迫り、政策協定をしている間がないとして、自由党から緒方竹虎総裁と大野伴睦幹事長、日本民主党から岸信介幹事長と三木武吉総務会長が秘かに会談を持ち、結局、それぞれの党内に憲法改正の会派があり、考えも同じだとし、まず、そのメンバーが、同年七月十一日に合体して「自主憲法期成議員同盟」を結成。そのメンバーが活躍して、同年十一月十五日に自由民主党の結党を実現した。「自主憲法」が自民党の「立党の精神」たる由縁である。

この「自主憲法期成議員同盟」と連携して、国民啓発活動をするため、昭和四十四年に結成されたのが「自主憲法制定国民会議」である。時に岸元総理は両団体の会長であった。この議員同盟と国民会議とは、昭和四十四年から「自主憲法制定国民大会」を共催した。岸信介元総理は、この国民大会の第一回から会長として登壇挨拶された。多少紆余曲折があり、清原が実務執行を委嘱されたのは、第十回国民大会（昭和五十四年）からである。

岸信介会長は、この国民大会に、病が重くなる前まで必ず出席して、会長挨拶・講演をした。また、大会後に、街頭行進をされた時もある。

その記録は膨大であり、すべて掲載すると、八百ページ以上となるので、今回は、二百ページに収めるべく、清原が執行を委嘱された以降の第十回大会からとし、それも、十二回大会までは岸会長と会場風景の写真にとどめた。第十三回以降〜ご逝去までは、大会報告号を作ったが、その中から五冊ほどを復刻し、以下掲載する。

第十七回大会ではお身体不調なので、出席を辞退したが、ご出席くださった。その大会報告号の表紙は痛々しいので、配布を差し止めた。今回は、岸会長の「志」を知っていただくために、あえて、掲載させていただいた。

第10回（昭和54年）国民大会
岸信介会長と会場風景

第11回（昭和55年）国民大会

岸信介会長と会場風景

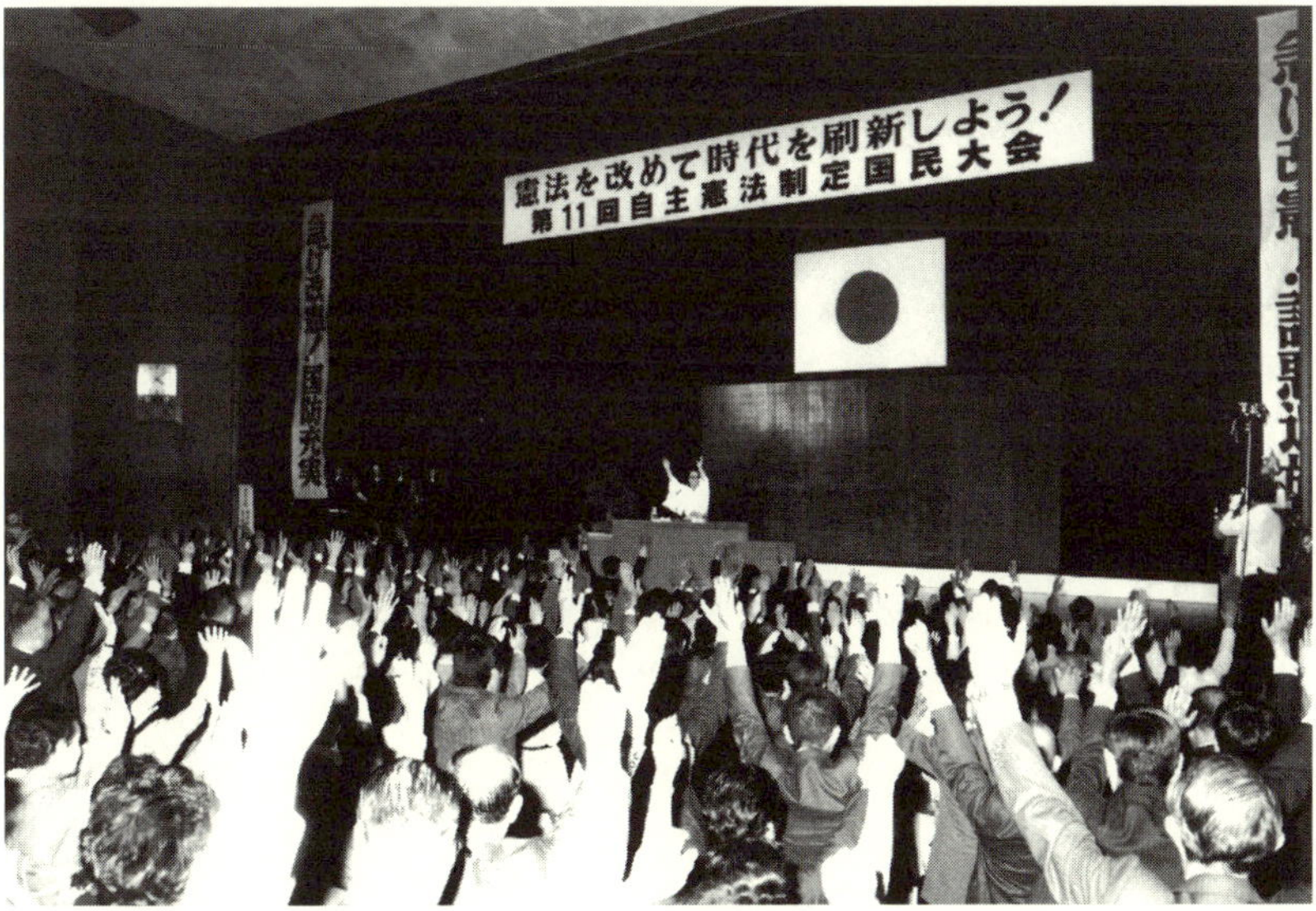

第12回（昭和56年）国民大会
岸信介会長と会場風景

第四章　岸信介会長時代の大会報告号

（第十八回大会は、病床からの会長メッセージ、157ページ参照）

● 憲法を改めて時代を刷新しよう！

第13回
自主憲法制定国民大会報告号

自主憲法制定国民会議・自主憲法期成議員同盟

■題字は岸信介元総理

▲大会会場の正面全景，岸会長の演説に熱心に聞き入る

▼壇上向かって右，居並ぶ来賓の方々

大会プログラム／**目次**〈**●白抜き数字は本文の頁を示す**〉

司会　関口　孝

一、国歌斉唱（一回）

二、開会の辞　衆議院議員　自主憲法期成議員同盟常任理事　中尾　栄一……❶

三、会長挨拶　自主憲法制定国民会議　自主憲法期成議員同盟　会長　岸　信介……❷

四、運動方針　自主憲法制定国民会議副会長　池田　清志……❼

五、推進の言葉

自由民主党代表　衆議院議員　元建設・法務大臣　自由民主党憲法調査会会長　瀬戸山三男……❽

議員同盟代表　参議院議員　元運輸大臣　自主憲法期成議員同盟常任理事　木村　睦男……❿

県民会議代表　自主憲法制定愛知県民会議　理事長　近藤　伝六……⓲

学者文化人代表　独協大学名誉教授　幣原道太郎……⓬

婦人代表　日本婦人連合会会長　荒川　綾……⓮

青年代表　日本青年協議会　斉藤　貞幸……⓰

六、大会決議　国際勝共連合　大木　宏亮……⓳

七、記念講演　**急転する国際情勢の中での日本**　国際政治評論家　斎藤　忠……⓴

八、閉会の辞　生長の家　井内　辰猪……⓲

九、万歳三唱　明治神宮宮司　高澤信一郎

▼**壇上向かって左，発表者と主催者側**

▲聴衆に感動を与えた記念講演・斎藤忠先生

▲自民党代表・瀬戸山三男先生

▲二・三階も満席，熱心に耳を傾ける

▲力強く決議を読む大木宏亮君

▲万歳三唱　高澤信一郎宮司

▲熱弁　閉会の辞，井内辰猪氏

▲県民会議代表・近藤伝六氏

●開会の辞

問題意識を高め　さらに前進を！

衆議院議員
自主憲法期成議員同盟常任理事
中尾栄一

今日は皆さま方がこぞって、この良き、記念すべき会合によくぞお集まり下さいました。高い席からではございますが、まずもってお礼申し上げたいと思います。

実は昨夜、ふとした機会で終戦当時の青春絵巻を描いた深夜映画を見ました。ちょうど舞台は終戦から二年後で、東京は廃虚さながら。浮浪者は街にあふれるといった、全く貧困の中の日本の姿で、それから三十五年経過した現在の変わりようを思うにつけ、誠に感無量でございました。

すでにご案内の通り、近ごろでは新聞もテレビも、日米貿易摩擦の話題で持ち切りになっております。昔は米国が主役だったのに、今では経済的な立場が逆転して、何とかして欲しいといっているのは、アメリカの方であります。

しかしながら、日本は経済的にはたしかに大発展いたしましたが、その反面、日本古来の美風は失われ、社会的モラルの低下、人心の荒廃は目をおおわしめるものがあり、社会の中における歪みという点でも、心根を立て直すという面においては、何一つ解決されておらないという感じがしてならない昨今であります。**（拍手）**

それだけに、日本の根幹的な指標である現行憲法を見直し、我々自身の力によって、歪んだ日本の軌道を正しく修正しなければならないと、私はかねてから思っているのでございます。**（拍手）** 幸い自民党も、自主憲法制定という立党の精神に立ち戻り、**（拍手）** 今年一月の党大会で再確認をいたしました。また、議員同盟の副会長には党三役が、顧問団には元総理・議長がお入りになって、問題意識をさらに高めております。正に自主憲法制定に向かって、巨歩を踏み出した記念すべき年であることを申し上げ、本大会の開会の言葉とさせて頂きます。**（拍手）**

●会長挨拶

日本民族の興亡を決する自主憲法制定

自主憲法制定国民会議会長
自主憲法期成議員同盟会長
岸　信　介

●占領憲法の意図したものを直視せよ

本日、ここに第十三回自主憲法制定国民大会を開催するに当たりまして、戦後から今日まで続いている国民の精神的混迷を断ち切って、我々の祖先によって培われ、受け継がれてきた美しい尊い日本精神を作興するために、所懐の一端を申し述べたいと存じます。これによって国民の心情に訴え、自主憲法制定に向かって、力強い国民運動を展開し、時代を刷新せんと考えております。（拍手）

顧みますれば、昭和二十二年五月三日、現行憲法が施行されて、すでに三十五年がたっております。にもかかわらず、今日なお、この押し付けられた占領憲法に甘んじている我が国の現状は、誠に痛恨に堪えないところであります。現憲法を、なぜ改めなければならないかという理由につきましては、これまでの大会におきまして、すでに十分に論じつくされております。その論拠のかずかずは皆さまもご承知の通りで、いまさら繰り返すまでもありません。したがって今日は、この占領憲法の意図した目的について、ひとつ考えてみたいと思います。

さて、昭和二十年八月十五日、我が国はポツダム宣言を受諾して、連合国軍に無条件降伏をいたしました。それによって第二次世界大戦も終り、占領軍が日本に上陸して、日本に対する制裁措置が講じられたのであります。即ち、太平洋戦争末期における、あの絶望的な戦局にもかかわらず、一致団結して戦い抜こうとする恐るべき精神力と、団結力の根源を完膚なきまでに破壊して、日本をして再起不能たらしめることが、連合国側の最大にして最後の目的だったのであります。

そのために、まず第一に天皇制を廃止すること。第二に、一切の軍備を禁止すること。第三に、日本人を完全に骨抜きにすること。この三点に、占領政策の全力を集中したのであります。

幸い、天皇制の廃止に関しましては、陛下の広大無辺な御人徳に感激した、連合国軍最高司令官マッカーサー元帥の手によって、辛うじて回避されました。しかし、他の点につきましては、国家の基本法である憲法の全面改正が要求され、昭和二十一年二月にマッカーサー司令部が作りました草案を、強制的に押し付けられてしまったのであります。

当時、連合国軍最高司令部との交渉を行った日本の政府や、それに関係した人々は、いくたびか占領軍から威迫を受けて、その憲法を採用するように求められました。日本の歴史や伝統を無視し、あらゆる権威を失墜させるために、国際法でも、国際慣行でも禁止されているところの、占領中における憲法改正を、あえて日本に押し付けたのが、当時の実情であります。

ただ、日本人の心の中心であり、最後の拠りどころでもある天皇制が、なんとか維持できるということで、他の点は耐え難きを耐え、忍び難きを忍んで、これを受け容れるほかはなかったのでありました。

日本の弱体化政策も、朝鮮戦争など、その後の国際情勢の変化に伴いまして、アメリカの援助によって復興の気運が起こり、日本をめぐる国際環境の変化と、国民の叡智と勤勉・努力によって、日本は今や物質的には、世界第二の経済大国になったのであります。しかし、残念ながら精神面においては、占領軍が意図した日本弱体化の目的が着々と達成され、あたかも長い歳月にわたって麻薬の中毒に冒された患者のような様相を呈しているのであります。

皆さまも、新聞やテレビの報道でよくご承知の如く、国家・民族の将来にとりまして、誠に憂慮すべき状態にあると申さねばなりません。（拍手）

●自主憲法を制定し、平和な世界を作ろう

さて、目を転じて世界の現状をみまするとき、戦後の世界に君臨したアメリカの力も低下し、現在では昔のような指導力はありません。世界経済は停滞し、人心も荒廃して、将来を見通し得ない状況にあります。したがって、今日の極めて複雑な社会状況は、近代文明をリードしてきた西洋の合理主義のみでは、とうてい解決不可能のように思われます。

このように考えます時、数千年の風雪に磨かれた人間の心に基づく、日本個有の思想・哲学と共に、合

理主義を基調とした欧米の思想と哲学が、渾然一体となった日本の心、日本の精神というものが、人類の共存共栄と、真の平和を実現し得る原動力になると、こう思われるのであります。（拍手）

国民経済が必要とする資源の大部分を、海外から輸入しなければならない日本にとって、世界の平和と自由は、空気や水のように最も必要で、かつ最も重要なものであります。戦後、今日までの日本は、平和と自由を十二分に享受して参りました。しかしながら、日本の死命を制する大切な平和も自由も、決してこれは自然に出来あがったものではありません。それを作り上げるために、世界各国は非常な努力をしているのであります。それに対し、日本はいったいどれだけの努力をして来たでしょうか。私は、誠に不十分なものであるとしか思えないのであります。

いまさら言うまでもありませんが、平和は、ただ「平和」とか、「自由」だとか、口さきだけのことで出来あがるものではございません。厳しい世界の現実の前に立って、我々はなすべきことをよく考え、平和の代償としての努力や、払うべき犠牲を払って、世界の自由を守り、平和を築きあげることに貢献しなければならないのであります。（拍手）

最近では、アメリカの力が相対的に弱まる一方、ご承知のようにソ連の軍事力が日毎に強大になり、世界の平和と自由が重大な危機に直面しているように思われます。この際、世界の平和と自由を守るために、日本も国力にふさわしい努力と犠牲を払って、自由主義諸国と協力していかなければなりません。（拍手）

我々が「自主憲法を」と言えば、護憲派はただちに戦争につながるように申しますが、それは全く事実に反するものであります。我々は護憲派の人々よりも、いっそう戦争を憎み、武器のない、平和な世界を作りあげたいと、心から願っているのであります。（拍手）

● 改憲に向かって、新たな決意と団結を

政治の要諦は申し上げるまでもなく、外に対しては国家の安全と平和を確保し、内に対しては治安と社会秩序を維持して、国民生活の安定・向上を図り、国民の幸福を増進することであります。その基本となるものが、憲法であることは言うまでもありません。憲法こそは、民族の歴史と、伝統と文化に基づくところの〝国民の心〟であり、国民の精神の中枢であります。（拍手）

今こそ、我々は自らの手で、日本人の魂を打ちこんだ自主憲法を、一日も速やかに制定して、すべての国民に明るい希望を与え、新たな活力の源泉としなければならないと思います。（拍手）

そのためには、自主憲法制定に取り組む我々の基本精神が、平和主義、自由主義、民主主義、基本的人権の尊重であることを広く知らしめ、この四つの精神を柱として、さらに真の日本精神を加えた草案を作って、これを国民の前に提示することであります。そして、徹底的な論議のもとに、国民の多数の賛成を得て、所期の立派な憲法を誕生させなければなりません。（拍手）

自由憲法制定は、言うまでもなく自由民主党の党是であり、悲願であります。したがって、日本を担う責任政党として、日本民族の興亡を決する自主憲法の制定に向かい、総裁以下全党員が打って一丸となり、全国において活発な国民運動を展開し、もって国民の負託に応えていかなければならないと思うのであります。（拍手）

本日ここにご参集下さいました皆さまを初め、全国の同志諸君と共に、これからもいっそう強固なる意志と団結を持って、我々の目指す自主憲法が実現する日まで、さらに邁進することを固くお誓い申し上げまして、私のご挨拶といたします。（拍手）

改憲への決意表明と運動方針

元衆議院議員
自主憲法制定国民会議
副会長　池田清志

昭和二十年八月十五日、戦線及び内地に、ポツダム宣言を受諾し終戦する旨の玉音放送が流れました。これによりさしも激烈を極めた太平洋戦争もピタリと収まりました。マッカーサーがやってきて、天皇の上に立ち、わが国を統治することになりました。

その占領政策は、日本弱体化にあり、その目的達成のために、今の日本国憲法を押し付けたのであります。

この新憲法の制定は、ポツダム宣言の条件にもないものであり、占領中は相手国の憲法を変えないというハーグ国際条約にも違反するものであります。したがって、日本国憲法制定の当時から、心ある者は、独立回復の暁には、今の憲法を改正しようと誓い合ったのであります。（拍手）

昭和三十年十一月十五日、こうした声に応じて憲法改正を目的とする政党が誕生しました。これが今の自由民主党であります。自民党は改憲政党なのであります。（拍手）

近年、内外の諸情勢から、現憲法に現実と合わない個所が多々あることが国民に理解されるようになり、改憲気運が上昇してまいりましたことはご同慶の至りであります。

それだけに、私どもは早期実現のため、一層努力いたさなければなりません。（拍手）その手本となるのが、自主憲法制定愛知県民会議の皆さんです。いま愛知では、昨年の大会開催を土台として、県下全域に亘っての組織づくりに努め、東京から講師を招いて研修会を開くなど、活発な普及活動を展開しております。（拍手）

自主憲法制定は、まさに国民的事業でありますから、まず全国各地でそうした声を起こす必要があります。今日お集まりの皆さま方も、この感激を持ってお帰りになりましたら、それぞれの地域で早速に、愛知県を手本にして、組織づくりにとりかかって頂きたい。（拍手）そのための資料は本部から送りますし、講師の派遣もいたします。

なお、憲法改正は、その手続上、衆・参各議院の総議員の三分の二の多数を必要とします。そのためにも次の選挙では、改憲議員が三分の二を越すよう、今からその決意をもって取り組んで頂きたいと希うものであります。（拍手）

●推進の言葉

憲法は国民の魂であり平和な国づくりの土台である

衆議院議員 元建設・法務大臣
自由民主党憲法調査会会長
自由民主党代表 瀬戸山三男

顧みまするると、我が国は敗戦後三十六年を過ぎ、現在の憲法が制定されましてから、すでに、三十五年がたちました。あの敗戦当時の、全く行き先の分からなかった苦難の時代を乗り越えて、私どもはそれこそ死力をつくして、日本の再興に努力してきたわけであります。

今や、ご覧の通り経済は大きな発展を遂げ、国民総生産は世界第二位といわれております。いわゆる経済大国になったわけで、世界中の国から、毎日のように大統領や総理大臣級の要人が訪ねてこられるほど、日本の地位は高くなりました。国民生活にいたしましても、三千年近い歴史の中で、初めて経験するような高い水準に達しております。まさに、世界の歴史における奇跡と申してもよろしいでしょう。私も、すばらしい時代であると思います。

しかし、すばらしい時代である反面、現行憲法を中心にして、常に憲法論議が絶えることなく繰り返されているのはご承知の通りです。民間だけではなく、あるいは国会で、あるいは裁判所で憲法問題が争われているというような国は、世界にも例がありません。それはなぜかといえば、今の憲法におかしなところがあるからです。問題点があるからこそ論議のタネになるので、俗にいう通り、「火のない所に煙は立たない」のであります。（拍手）

これは毎年の例ですが、憲法記念日の五月三日になりますと、すべての新聞が大きく紙面を割いて憲法論議を載せます。今年は、特に朝日、毎日の両紙が熱心だったようであります が、しかしながら、書いてあることはいつも同じで、現行憲法は平和憲法であり、自由、民主主義を尊重し、かつ人権を重んじている。だから、すばらしいの一点張りであります。

そんなにすばらしい憲法がありながら、なぜ、こんなにも国民のモラルが低下し、社会秩序が乱れているのでしょうか。平和というのは、国と国とが戦争しないことだけではありません。最も問題なのは、家庭において、部落において、町において、都市において、社会秩序が守られ、国民が心ゆたかに幸せな生活ができることで、それが平和の始まりであります。そういう平和の根本を忘れて、ただ語句だけの平和をいくら並べたてても、それでは「仏つくって魂入れず」という諺のようなものです。現行憲法には、その魂がこめられていないからこそ、日本人の精神の混乱を招き、青少年の非行をはじめとする、憂うべき社会現象となって現れているのでしょう。（拍手）

いうまでもなく、憲法は国民の魂であります。（拍手）国の基本法といわれるように、国民生活の土台であります。自分たちの考えに基づいて、日本をすばらしい国にしようではないかという、その国づくりの精神を結集したものであります。したがって、占領政策によって作られた現行憲法が、国民の魂たり得ないことは申すまでもありません。

当時の占領政策の目的は、日本を中途半端な国にしてしまう、国民には麻薬を与えて、理性を眠らせてしまうということで、そのために作られた憲法なのであります。

その意図の通り、今や日本は中途半端な国になっております。経済大国として認められているのに、国際社会の一員としての責任は果たしていないじゃないかという批難の声を、世界の国々から浴びております。麻薬の作用で、社会秩序は乱れ、世相は混乱しております。こういうことでいいのでしょうか。（拍手）

憲法改正をするというと、すぐ戦争の準備をするんだというように、マスコミは短絡させてしまいますが、我々が目指しているのは、真に平和な国づくり、経済も文化も国民生活も発展する国づくりなのです。それには、どうしても民主主義や自由や人権を尊重しなければなりません。憲法にうたってあるから……、というのでは本末顛倒であります。（拍手）平和は、いわば虹のようなものです。平和だ、平和だといくら唱えても、絶対につかめません。平和のために、血のにじむ努力をつづけてこそ、豊かな、すばらしい世界が実現するのです。これが、憲法改正に対する我々の基本理念なのであります。（拍手）

繰り返して申しますが、憲法こそは、日本国民の魂であり、国づくりの土台となるものであります。国民の皆さんも、ぜひ確信を持って、自主憲法制定のために力を合わせて頂きたい。今や、明治二十一年の憲法、昭和二十一年の憲法にとらわれることなく、新しい日本のために、最もふさわしい我々自身の憲法を作るという精神のもとに、この運動が全国津々浦々にまでひろがりますよう、心からお願いをいたしまして、私のご挨拶といたします。（拍手）

●推進の言葉

自主憲法制定のための国民運動の輪をひろげよう！

参議院議員 元運輸大臣
自主憲法期成議員同盟常任理事
議員同盟代表 木村睦男

かつて佐藤総理は、沖縄が還るまでは戦後は終わらないと言われました。昭和四十七年五月、沖縄の本土復帰は実現いたしましたが、しかし、まだまだ戦後に終止符を打つための、残された問題がいくつかございます。憲法改正もまさにその一つであります。（拍手）

ご承知のように、今の憲法は昭和二十一年にマッカーサー司令部から示された草案を、ひき写しにしたものであります。幣原内閣の下で、松本国務相が作られた独自の憲法草案は、占領軍司令部によって排除されてしまいました。

そういう憲法ですから、これが独立後の日本において、国民の活力の源泉であるべき基本法としてふさわしくない、というのは、けだし当然のことでございます。（拍手）

もともと、占領されている国の憲法を、占領軍が改正したりするべきではないということは、俗に「ハーグ条約」と呼ばれている、陸戦法規に関する国際条約によって定められております。これは、占領国の一方的な押し付けに対し、被占領国が反発をして、せっかくの平和が乱されてしまうことを防ぐために作られた条約ですが、わが国の現行憲法は、そういう国際的なとりきめを無視して、力づくで押し付けられたものであります。（拍手）

こういう現実離れのした憲法であるにもかかわらず、それから三十数年もたっているのに、一字一句も修正されておりません。また、用語も非常に分かりにくく、文法的にも間違いの多いことは、法律学者ばかりではなく、各方面からつとに指摘されている通りであります。（拍手）

今日、この会場では憲法改正の国民大会が行われておりますが、同時に東京の各地で、いわゆる護憲運動のための集会も行われているはずであります。その先頭に立っている社会党、共産党は、現行憲法制定当時も存在しておりました。では、現行憲法が可決された時の国会において、両党はどういう態度をとったでございましょうか。

まず、社会党は社会主義的な憲法を作ろうとして修正案を出そうとしたが、これを退けられたために、やむを得ず賛成にまわりました。しかし、昭和二十九年には、社会党綱領の中で社会主義憲法の制定をうたい、基本的な産業は国有、あるいは公有化すること。および非武装中立を唱えております。つまり、日本を社会主義国家にして、社会主義憲法を作ろうというのが、その狙いであります。

共産党の方は、提案はいたしませんでしたが、約百カ条に近い共産主義憲法を作成、発表いたしました。そして、共産党は将来、共産主義国家を作って新しい憲法を制定する。したがって、この憲法は可決されても、我々としては必ずこれを修正する権利を保留すると、当時の野坂参三委員長が言っております。

それにもかかわらず、この二つの野党が、現行憲法を立派だといって、護憲運動を展開しているというのは、いったいどういうことでありましょうか。（拍手）まことに奇奇怪々で理解に苦しむところであります。（拍手）

つまり、彼等の護憲運動というのは、いわば隠れ簑のようなものでございまして、現行憲法の弱点を逆に利用して、国家体制の変革を図ろうとしているわけです。社会主義国家、共産主義国家になった暁には、ただちにかねてからの主張通りの憲法を作ることは明瞭であります。ですから、自由主義体制の下で、今日の憲法が前向きに改められ、もっと立派なものになって、わが国の独立と平和と繁栄を、将来に向ってさらに強めていくような、真の意味における国民の活力の源泉となるような、そういう憲法改正に反対するのは当然のことと申さねばなりません。（拍手）

それを正面切って反対できないので、憲法改正は軍国主義への逆行で、すぐに戦争が始まるなどと、途方もないことを言うわけであります。それを飽きもせず繰り返すものですから、百遍も聞かされているうちには、国民の中にも「そうかなあ」と思う人が出てくると、まあ、こういうのが憲法改正問題をめぐる、近ごろの状況でございます。

我々としましては、瀬戸山会長のもとで、憲法調査会がすでに改正条文の作成審議に入っております。議員同盟の方も、国民運動を展開すると共に、改正案の骨子について研究を進め、いずれは憲法調査会と調整を図りながら、最終的には一本の改正案を作る手はずであります。（拍手）

国民の皆さま方も、自主憲法制定に対する中傷やデマにまどわされることなく、この運動の輪をひろげて頂きたい。そして、これで日本の戦後は本当に終ったのだ、我々は祖国を本当に取り戻したのだという日が、一日も早く来るよう、共に力をつくしていこうではありませんか。（拍手）

●推進の言葉

日本人よ！　日本人たれ！

独協大学名誉教授
学者・文化人代表
幣原道太郎

本日は五月三日、憲法記念日であります。考えてみますと、日本が死んでから三十五周年ということですから、本来ならば各戸に弔旗を掲げて、憤激の涙のうちに一日を送るべき日であります。どうも戦後の日本人は、祝儀と不祝儀をとり違えているんじゃないかと思います。**（拍手）**

この憲法のおかげで、わが国には元首もなく、日本は戦争を捨てたが、戦争の方では日本を捨てていないという、この厳しい現実に対応することができません。そして日本は今や、自主・自立なき、半国家に化していると言っても言いすぎではないでしょう。**（拍手）**

現行憲法の唱えるように、平和、民主、自由、人権は、人類の崇高な理想であることに異論はありませんが、日本の歴史と伝統が無視され、それと渾然一体になっていないため、今日の日本には症候群的社会悪が続発しているのであります。**（拍手）**そして、なかでも最大のものは、国家意識の喪失であります。その上、日本が手を出さぬ限り、日本に手を出す国はない、日本こそ世界唯一の戦争挑発国だという、とんでもない自虐的な錯覚がいき渡っているのであります。冗談ではありません。三十五年この方の平和は、平和憲法などのおかげではなく、日米安保条約のニラミが利いていたからであります。**（拍手）**

ご承知の通り、現行憲法は占領軍総司令部草案に基づく、一方的な強制であり、押し付けであることに一点の疑義もないのに、いわゆる進歩的知識人という妙ちきりんな一群は、内容さえよければ押し付けではないという、護憲の主張を貫こうとしております。それによって、幻想的理想主義に世論を固めていこうとしているわけで、国民は哀れむべき犠牲者であります。**（拍手）**

ともかく日本の平和憲法は、日本には通用するけれど、ソ連を初め諸外国には通用しません。それなのに平和こそ国民の最大公約数的な悲願であると、大向こうの喝采を狙った論理のワナを仕掛け、国民の気持を護憲に傾かせようとたくらんでおります。即ち、その裏返しが、改憲イコール軍事大国、軍国主義ということになるわけであります。

しかしながら、かりに日本がなりたいと思っても、どうして軍事大国になどなれるでしょうか。自衛隊は軍隊じゃありません。爆撃機もなければ、航空母艦もない。それから交戦権だってないのです。日本は軍隊を構成するものを、なに一つ持っておりません。いわゆるサラリーマン部隊であって、これが現実の姿であります。

先ほどふれましたように、護憲派は平和こそ国民の願いの最大公約数だと称して、まず反核、反戦、それから平和、さらに軍縮という、この四つをスローガンにして、国民の眼を護憲の方に向けようとしていることに、我々は注意を払わなければなりません。改憲論の本質的な問題を巧妙にすり替えて、自主憲法制定運動に水を差そうとしているわけであります。（拍手）

それと、もう一つ憂慮に堪えぬことは、憲法を興味本位の読み物として扱い、その単行本がベスト・セラーになっていることです。いうまでもなく、憲法は単なる読み物じゃありません。それなのに、憲法の本文に注釈をつけたり、意味のない写真で飾ったりした本が発行され、それまで憲法には関心の薄かった人たちまで、これはうれしいと言って、無批判に飛びついているようであります。

憲法は、内容で読むべきものであって、いい加減な注釈で読むべきものではありません。ことに現行憲法は、幻想的理想主義の産物であって、現実的理想主義とは、とうてい相容れないものです。それが、こういう形で美化されることは、きわめて危険であります。しかも、出版社のたくみな宣伝文句にまどわされて、多くの人たちが買うというのは、まことに嘆かわしいことと申さねばなりません。

私に与えられた時間は四分間ということでありますが、お話しているうちに万感胸に迫って、せめて十分間くらいなければ、思ったことを充分に申し上げられません。（拍手）まことに残念であります。

とにかくこのままでは、かつての占領政治によって逆噴射された日本号という飛行機は、これを修正する機長も、チェックを行うべき副操縦士もいないまま、三十数年の飛行の後に、今や墜落は必至であります。（拍手）

一億国民がそろって羽田沖の藻屑と消える前に、国民はすべての怒りを、この日本国憲法に、思い切りぶつけようではありませんか。（拍手）

私はここに心から叫びたいと思います。日本は世界に冠たる日本たれ！　日本人よ、日本人たれ！　と。（拍手）

●推進の言葉

婦人層の啓蒙と組織化が急務

日本婦人連合会会長　医師
婦人代表　荒川　綾

ただ今ご紹介頂きました荒川でございます。この貴重な、本日の壇上に立たせて頂きますことは、誠に誠に感激の極みでございます。

以前に伺ったことでございますけれど、吉田茂首相がマッカーサー元帥に、「この憲法は占領憲法だから困るな」と、お話になられたそうですが、その時にマッカーサー元帥は、「それではお直しなさい」と答えられたとのことです。その後、元帥はご承知のように解任になり、そのまま帰国されたわけですが、昭和三十五年二月に、甥にあたられるマッカーサー氏が駐日大使としてお見えになり、「伯父が大変に申しわけのないことをいたしました。どうぞ日本の歴史と伝統のもとに、憲法を還元して下さい」と、こうおっしゃられたそうでございますね。**（拍手）**

それから、先年、鈴木首相が初めて訪米されるに際し、その前に福田元首相が根回しにアメリカへ行かれ、たくさんの要人とお会いになりました。その時にレーガン大統領が、「僕が日本へ行って、憲法を直しましょう。その代り、あなたがアメリカのインフレを退治して下さい」と、こんなジョークをおっしゃったそうです。**（拍手）**

また、この四月二十六日のことでございますが、アメリカのランボーン・ウエスト法学博士が、自民党本部の八階で「日本はいかにあるべきか」という講演をなさいました。私も最前列で拝聴いたしましたが、博士は開口一番、「第九条は削除なさい。そして天皇陛下を元首と明記なさい」と、ハッキリ言われました。**（拍手）**私はジーンと目頭が熱くなり、感激の気持でいっぱいでございました。

博士は、日本国民の意識や、社会人としてのモラルには、私たち以上に通じていらっしゃいますが、五年前に来日された時とくらべ、現在の日本は精神的に非常にダウンしたと、アメリカと比較しながら指摘されていました。

そうした社会的モラル低下の遠因が、現行憲法にあることに気づかない婦人の多いのは、誠に困ったことでもあり、同性としてお恥しいことでもございます。

私ども婦人は国民の半分を占めており、一票も頂戴しております。この婦人が、はき違えた自由主義教育の結果でございましょうか、靖国神社の公式参拝や憲法改正については、すぐに戦争につながるからと、目くじら立てて反対をいたします。全国六百三十万の会員を擁する全婦連（全国地域婦人団体連盟協議会）をはじめ、婦人有権者同盟、日本看護協会など有名な七婦人団体が、すべて護憲でございます。全婦連でも、私ども役員にはなんの相談もございません。そこで会長に、「とにかく憲法問題を学習しましょうよ」と提案したのですが、「憲法学者にだって改憲反対と賛成があるでしょ。したって同じことよ」と言って、取りあげてくれません。会長は私より三つ四つ歳上で、八十六、七歳でございます。これでは老化現象といわれても仕方がありません。生理的現象ですから、いかに頼んでも仕様がないと存じまして、日本中の女医会に呼びかけました。「さあ、今こそ現行憲法をよく吟味し、よく考えた上で変えようではありませんか」と。（拍手）

また、教育の偏向化に対しても、婦人は防波堤にならなければなりません。婦人といえども医者なのですから、すくなくとも新しいエネルギーとしての原子力については、もっと理解いたしましょう。そして、ご自分の患者を啓蒙することで、ひろく国民に対する啓蒙運動を行いましょうと、全国の会員に檄を飛ばしたわけでございます。（拍手）

おかげさまで、「日本の将来を考えると、眠れないほど心配していたところです。どうぞ、しっかりやって下さい」と、あちらこちらから激励を頂いております。（拍手）

そんなわけで、婦人全体がこれからうんと勉強いたしまして、殿方の皆さまについて行きたいと存じますので、どうぞよろしくご指導下さいますように。（拍手）

もう一つのお願いは、政府の手で、私たち年寄りと、また、若い人たちのための、生涯教育の施設をぜひ作って頂きたいということでございます。そして、そこでリーダーになる人たちには、これからの日本にとって必要なことは徹底的に学習させるようにする。さしづめ憲法問題などは、もっとも重要なことでございましょう。（拍手）この間もたまたま乗りましたタクシーの運転手さんが、「このごろの日本人は本当にノンポリだ」といって、大変に憤慨しておりましたぐらいですから、押し付けられた憲法も、即日即刻ぐらいに改正して頂きたいものです。（拍手）

このように思うこと、誠に切なるものがございます。皆さま共々、頑張って参りたいと存じます。（拍手）

●推進の言葉

教育荒廃の真因は現行憲法にある

日本青年協議会
青年代表　斉藤貞幸

私は東京都内の高等学校に勤務する、一教師です。本日は僭越ではございますが、青年を代表いたしまして、教師という立場で意見を述べさせて頂きます。

私が現在の高校に職を奉じましたのは、三年前のことですが、その間に、自分の受け持つ生徒の非行問題や、マスコミなどに登場するさまざまな校内暴力などの実例を見るにつけ、今日の教育の荒廃ぶりが、実に凄まじいものであるということを、ひしひしと感じて参りました。

この教育荒廃の原因が、いったいどこにあるかということを分析してみますと、校内暴力、家庭内暴力、暴走族、万引きなどの非行問題を生む直接の原因は、家庭内の甘やかしであったり、教師の指導不足であったりというように、さまざまな問題があるようです。しかし、私は、今日のように歯止めのきかない状況にまで立ち至ってしまった根本的な原因は、もっと次元を変えて見ますれば、日本の現在の教育内容にあるのではないかと思います。**(拍手)**

そして、結論から先に申し上げれば、さらにその原因として、現行憲法の基本精神とされている個人の権利の偏重と、義務の軽視にあると思うのです。**(拍手)**

一昨年来、教科書偏重の問題がクローズアップされております。私も中学校の公民の教科書を読みまして、愕然とする思いでした。憲法の説明のところに、「人間一人の生命は、たとえ社会のためとはいえ、どのようなことがあっても犠牲にされることがあってはなりません。それが侵されたり、奪われたりするようなことがあれば、断固として退け、悔のない人生を全うしなければなりません。人間にはだれにも拘束されずに、自分の幸福を追求していく権利があるのです」と、あるのです。このような教育内容で教えられた子供たちが、いったいどのような人生観を身につけ、どのような行動に出るかは、容易に想像されます。

中学や高校の生徒総会で、生徒たちがマイクを握って、「パーマを認めろ!」、「服装を自由にさせろ!」と要求したり、集団で授業をサボったりするのは、さして珍しいことではありません。また、二年ほど前には、町田市の南第三小学校で、廊下や階段に「先生も俺たちの身になってみろ。もうすぐ交渉に行くぞ!」という、小学生の要求書がはられたそうです。この学校では、教育目標の一つに、自己主張と批判精神に貫かれた表現行動のできる子供を育てる、ことが掲げられていたと聞きました。

このような、偏った権利主張の教育が、国の基本法である憲法に基づき、教育方針として行われている以上、その結果として、要求実現のためには手段方法を選ばない子供が、たくさん生まれてくるのは当然だろうと思います。

しかも、その反対に国民の義務に関しては、ほとんどなおざりにされております。戦後は教育勅語が憲法の精神に反するということで廃止されて以来、昭和三十三年に文部省が示した道徳教育についても、日教組の反対などで現実にはきちんと行われていないのが実情です。

言うまでもなく、道徳教育の中で、我々は日本という国の一員として、どのように行動しなければならないかということを、子供たちに具体的に教えてこそ、子供たちに日本人としての自覚が生まれ、日本を背負って立つ国民に成長するのではないでしょうか。**(拍手)** また、どこの国でも当然のことですが、国民としての最大の義務は、国を守り、その発展のためにつくすことだと思います。**(拍手)**

しかし、現行憲法では国を守る義務はないということで、現在の学校教育の中では、最も大切なことが、全く教えられていないのです。日本人でありながら、日本の国を愛し、守ることを知らなければ、糸を失った凧のように、どこへ飛んで行ってしまうか、分からないではありませんか。

このように見てまいりますと、私は教育の荒廃を生み出す土壌を作った最大の原因は、現行憲法にあると、こう断言せざるを得ないのであります。**(拍手)**

憲法問題は、国家の大問題であるだけに、とかく政治家や、一部の心ある人たちに任されがちでした。それではいけません。私たち教師は、教育の現場にある者の立場から、また家庭の主婦は主婦としての立場で、憲法を批判する勇気を持って、日本の明日のために戦っていかねばならないと思うのであります。**(拍手)**

このように、国民の一人一人が、それぞれの立場で憲法を見直し、憲法批判の運動を起こすならば、近い将来、必ず自主憲法の制定が実現するものと信じます。**(拍手)**

私も日本青年協議会の一員として、対外的な運動において、憲法改正のため全力をつくす覚悟です。**(拍手)**

●推進の言葉

中堅幹部を養成して国民運動を推進しよう

自主憲法制定愛知県民会議理事長
県民会議代表　近藤伝六

私は改憲のための国民運動という、実際的な観点から一言申し上げたいと存じます。私共は、昨年名古屋で第十二回自主憲法制定国民大会を開きましてから、今日まで中堅になる幹部を集めるということに努めてまいりました。そして、その人たちが中心になり、各市町村に拠点を作り、研修会、講演会、映画会など、あらゆる手段を講じ、憲法の内容を全県民に知ってもらうための運動を展開しております。そのために、中央から瀬戸山先生、竹花先生にも来て頂き、幹部研修会もいたしました。

こうした運動の輪を、愛知県だけにとどめることなく、ぜひ全国津々浦々にまでひろげてまいりたい、全国いっせいに、改憲のための具体的国民運動の狼火をあげて頂きたいと、かように念願しております。**（拍手）**

幸い、明年の参議院議員選挙の前に、憲法改正草案が示されるということでございます。その機を逸することなく、全国運動を大きく盛り上げて頂きますよう、特にお願い申し上げまして、私のご挨拶といたします。**（拍手）**

●閉会の辞

改憲運動に挺身しよう

生長の家・東京第一教区講師会会長
井内辰猪

鉄火をもってても、なお滅ぼすことのできない国の理想、国の心、国の伝統をなしくずしにしようと、占領軍司令部は日本国憲法を押し付けてきました。我々はこれを改めるべく、三十数年の間努力してきたわけですが、今、ようやくその実現の萌芽が具体的に見えてまいりました。

かつては改憲という言葉を使っただけで、首の飛んだ大臣もございました。しかし、今はもう、そういう時代ではございません。堂々と憲法改正について、公正な議論が闘わされる時代になっております。これは、十三回にも及んだこの国民大会を指導された諸先生のご努力と、皆さま方のたゆまざる運動が実を結んだものです。**（拍手）**

いよいよ時はまいりました。わが生長の家は、三百万の信徒を動員して改憲運動に挺身いたします。どうか皆さまもこの実現に向かって、これからも渾身の勇をふるって下さいますよう、心から希望いたしまして、本日の記念すべき、第十三回自主憲法制定国民大会の、閉会の言葉とさせて頂きます。ありがとうございました。**（拍手）**

大会決議

一、我々は、平和と自由と民主主義を基本とし、戦後の内外諸情勢の変化に応じ、新時代の要請にこたえるため、現行の占領憲法に代わる、わが国の国情にふさわしい自主憲法の制定を目指す。

一、我々は、全国各地の自主憲法運動の大同団結を進め、一日も早く「国民の手による」自主憲法の制定を期す。

一、我々は、自由民主党結党以来の重要政綱である「自主憲法制定」が、年頭の党大会で改めて掲げられた事実に基づき、党を挙げて自主憲法制定のため、一大啓発運動に取り組むことを要請する。

右決議する。

昭和五十七年五月三日

自主憲法制定国民大会

〈大会決議〉

司会　次に、大会決議案をお諮りいたしたいと思います。では決議案を、国際勝共連合の大木宏亮君に読み上げて頂きましょう。

（力強く、上掲の大会決議案を朗読する）

司会　ただ今朗読いたしました決議案を、今大回の決議として採択することにご異議はありませんか。

（盛大な拍手）　ありがとうございました。万雷の如き拍手をもって、大会決議はここに採択されました。

なお、この決議は、自由民主党に対する要望も含まれておりますので、本会の岸会長から自由民主党代表瀬戸山三男先生にお手渡し頂き、党へご伝達を頂きたいと思います。（大拍手）

●記念講演

急転する国際情勢の中での日本

国際政治評論家　斎藤　忠

一、国体の変革は、憲法を武器にして行われた

日本が主権を回復しましてから、すでに三十年たちました。これは重大な事実でありまして、決して忘れてはなりません。その前の七年間は、主権は占領軍最高司令官の手に握られていたわけで、完全に亡国の事態という他はなかった。その時期をようやく脱して、再び独立主権を取り戻せたということは、誠に大きな幸いでございました。

主権喪失、亡国の七カ年は、日本にとっては史上空前の悲劇の時代でございます。連合国軍によって、皇統連綿としてつづいてきた、世界に比類のない国体を破壊され、祖国に対する国民の愛を奪われたのですから。また、世界に誇った強大な軍事力も、完全に潰滅させられました。すべては、日本を弱体化し、従順な隷属国家として、占領軍の支配下に置くための措置であったわけでございます。

この占領政策の根底になったポツダム宣言の中に、今日読みましても血の凍るような語句がございます。「我等はもとより、日本国民を国民として滅亡せしめ、民族として奴隷化せんとするものにあらずといえども……」という言葉を、どうお聞きになりますか。その背後には、事実として「この国を滅してやる。この国の民族を奴隷にしてやるんだ」という凶悪な意志が表明されているのであります。

したがって、占領政策の目的が、日本の国体を変革し、武力を奪うことに集約されたのは当然のことといえましょう。そのために、彼等はあらゆる手段をつくしました。言論を統制し、教育を破壊した。極東軍事裁判によって、国民に麻酔をかけた。さらに大きな武器が、憲法の改正であったことは言うまでもありません。**（拍手）**

この憲法の改正ということは、本来ならば占領下においては許されないことでございます。明らかに国際法違反でございます。それを、彼等は平然として行いました。まず、日本から一切の軍事力を奪うために、マッカーサーは自ら筆をとって第九条の原文を書きました。自衛の戦いといえども、これを認めないと――。自分の身を守ることさえも許さんということは、これは奴隷ということではありませんか。もっと重大なことは、天皇の御地位や、国体の精華をうたった大日本帝国憲法の精神が否定されていることでございます。言うまでもなく、憲法というものは国の伝統、国の精神を文章に表現したもので、いろいろ批判はございましょうが、そのいい例が大日本帝国憲法でした。その第一条から第五条までに、日本伝統の精神がハッキリ規定されております。文字に書き表された憲法以前の、これこそ不文の憲法でございます。例えば「第一条　大日本帝国ハ万世一系ノ天皇之ヲ統治ス」「第三条　天皇ハ神聖ニシテ侵スヘカラス」とあります。この精神が現行憲法のどこに見られますか。どこにそういう文句がございますか。**(拍手)** これは日本にとっては、誠に重大な国体の変革でした。しかもそれは、もしこの憲法を受け容れないならば、天皇の安全は保証しないという脅迫と、占領軍十万の銃剣の威力のもとに、形ばかりの国会審議を経て押し付けられたものでございます。当時の日本人としては、それに抵抗できなかったのも当然と申せましょう。

しかし、それは憲法といっても、本質的には占領下における基本法にしかすぎません。それなのに、憲法として、万古不易の大典として、これに手をふれることは罪悪であると考える人たちがいるのは困ったものです。占領時代における麻酔が、まだ覚めないのかも知れませんが、あまりといえば主体性のないことではないでしょうか。**(拍手)**

日本と同じように、占領軍によって憲法を押し付けられようとしたドイツは、断固として承知しませんでした。これは占領下における基本法なのだから、いつの日か、ドイツに主権が回復した時には、この基本法は抹殺されるという意味の一条を、ハッキリと書いております。もって「他山の石」としたいものでございます。

二、ソビエトの野望の正体

さて、日本はすでに独立主権国家になりました。しかし、最初は主権の回復も考えられなかったことでございます。もし、アジア大陸に重大な変化が起こらなかったら、あの占領はなお十年つづいたか、二十年つづいたか、あるいは未来永劫つづいたか分からないのです。それが、降伏文書に署名してから、わずか四、五年の後に、アジア大陸には大変な事態が発生しました。ソビエト連邦が、いよいよその正体を現したのでございます。

ソ連の野望についてかいつまんで申しますと、あの第二次大戦の青写真は、一九三五年にモスクワで行われた第七回コミンテルン大会で、すでにできあがっておりました。つまり、ソ連が世界革命を成就するためには、資本主義諸国の間に戦争を起こさせ、お互いにつぶし合うように仕向けなければならない。日本を倒すためにも、アメリカを利用し、中華民国を利用し、あるいはイギリスを利用する。マルクスの言葉を借りますならば、これは「資本主義世界の内部矛盾を利用する」わけでございます。

こうして、ヨーロッパにおいてはドイツとフランスを、アジア太平洋地域においては日本とアメリカを、さらにその背後にある中華民国も巻きこんで相争わせる。お互いに消耗し切ったところで、ソ連は漁夫の利を得ようとたくらんだわけでございます。ですから、史上空前の大戦の演出者は、ソ連である。ソ連が戦争を陰で操り、陰にあって指導していたことを、歴史の事実に照らして我々はしっかり認識しなければなりません。**（拍手）**

そして、ソ連の第一の眼目は日本でございました。レーニンはハッキリ言い残しております。「革命はアジアにおいて決する」と。要するに日本を制圧できれば、革命は成就するということであります。したがって、彼等は最初から最後まで日本を狙っていました。そのために、日ソ両国間には中立不可侵条約が結ばれていたにもかかわらず、

① 降伏を決意していた日本に対し、無法の暴力をもって南樺太、千島列島を奪った。

② 満洲に侵入し、無抵抗の関東軍将兵を捕え、これをシベリアの荒野に送って、残虐無惨な強制労働に使役した。いまだ還らぬ同胞は三十数万を数える。

③ 戦後は、日本の三分割統治案を計画した。

と、いうように、無法の限りをつくしたのであります。

幸い、ソ連の分割統治案に対しては、アメリカと中華民国が拒否してくれましたので事なきを得ました。そこで、今度は中国大陸において、中国の革命を推進・成功させ、中ソ友好同盟条約を結んだのであります。同じ年の六月に、朝鮮動乱が勃発いたしました。その背後にあったものは、いうまでもなく中ソ同盟条約で、彼等は北朝鮮軍を駆使して朝鮮半島に侵入。さらに彭徳懐元帥の率いる二百万の中国軍が戦闘に参加し、朝鮮半島をまっしぐらに縦断して釜山に向かったわけです。釜山といえば一条の海峡をへだてて、すぐ向こう岸が日本の博多でございます。朝鮮動乱の意図が日本を未来永劫にわたって両断し、共産主義勢力の支配下に置こうとするものであることに、ここに至ってアメリカもやっと気付いたのであります。**（拍手）**

三、日本は自由世界の〝希望の星〟である

以上が、アメリカが日本に対する態度を一変させ、日本

に講和条約を提供し、さらに日米安全保障協定にも調印して、強大な核の力をもって日本を守るようになった原因でございます。さて、日本は講和条約を結んだ時から、完全に主権を回復いたしました。ところが、そのことを忘れて、今日までの三十年間を無為にすごしてきております。こんなことでよいのでしょうか。（拍手）

独立主権国家として最も大切なことは、言うまでもなく自分の国の独自の精神を持つこと、理想を持つこと、そして伝統に立脚した憲法を持つことであります。それなのに、歴史も伝統もちがう他の国からの押し付け憲法を、あたかも万古不易の大典のように思いちがいしているのですから、祖先の神々に対し、まことに申し訳がたちません。（拍手）

また、今日の日本は、自由世界の中核であります。昨年のオタワ会議の前に発表された日米共同声明を見ても明らかなように、日本の立場はアメリカと全く平等であり、両国共通の利益である自由と民主主義を守る同盟国なのです。そして近ごろでは、すぐに経済大国といわれるけれど、先進国首脳会議においても中核的存在であり、経済大国であると同時に、実は政治大国でもあります。ともかく、西ヨーロッパ、及びアメリカ大陸のすべての友邦が、日本に希望を託し、大きな期待を寄せているということを、日本は忘れているのではないでしょうか。

例えば、今問題になっているシーレーンにしても、いろいろな批判がございます。しかし、海上交通を守るということは、アメリカのためではありません。石油もなく、工業原料もなく、食糧すら海外に依存している日本の運命は、海上交通の安全如何によって左右されるのですから。

でも、日米安全保障協定があるからという人もいますが、日本本土か、十二海里の領海内でしか、アメリカは武力をもって日本を助けることはできません。つまり、シーレーン問題には、まるでかかわりがないといってもいいのです。

さきほどからソ連の脅威についてお話しましたが、日本の千島列島につづいて、カムチャッカ半島があり、ソ連の原子力潜水艦の基地になっています。一隻が十六発の核ミサイルを積み、海底深く沈んだままで、アメリカの首都を水爆で攻撃できるという、恐るべき性能を誇っております。

脅威は原子力潜水艦だけではありません。今、日本をとりかこむ太平洋は、すでにソ連艦隊の制圧下にあるのです。

この事態を前にして、なにより大事なことは、日本が本来の精神に立ち戻ることであります。祖国を、命をかけて守る決意を、しっかりと持つことでございます。（拍手）

そして、そのためには、上、天皇陛下を中心として、本来の日本の伝統に帰り、この三千年来の美しい国の愛の秩序を守って、世界を救う気概をすべての国民が持たなければなりません。（拍手）これは、大きな意味での世界維新でございます。（拍手）ありがとうございました。（拍手）

編集後記

▼大会に当たっては、各方面より、御芳志やら御助力をいただき、また休日にも拘らず、この運動のため、御出席を下さり、御厚情の程ありがたく、執行部・事務局一同、心より御礼申し上げます。

▼大会は、御覧のように熱気溢れる盛況で、発言者の相次ぐ熱弁により閉会予定時刻を三十五分も超過しましたのに、退席される方もなく、逆に聴衆が増えて、記念講演時には、立見の方々も出て、今さらながら改憲への熱意に驚かされました。

▼ここで、記念講演の斎藤忠先生を紹介いたしますと、先生は、明治三十五年のお生まれ。昭和三年に東大文学部英文学科ご卒業。同旧制大学院博士課程を修了後、英・独・北欧諸国に留学されました。

昭和二年以降、今日まで五十五年にわたり、国際政治、および軍事に関する評論を以って論壇に重きをなし、評論家の草分けとして知られるばかりか、その人物・識見の高さには定評があります。

昭和十二年から読売新聞論説客員、傍ら独・英の三新聞に評論を執筆され、また、日本評論家協会創成に参画されました。

昭和三十二年ジャパンタイムズ論説主幹となり、同四十二年以降も同社論説顧問としてご活躍。また国民新聞社社長を経て、同社最高顧問。その他二十にも及ぶ各種団体の役員又は顧問を兼務されています。ご著書は約六十冊の多きを数えます。

▼今年の大会は、聴衆が記念講演にとりわけ熱心に耳を傾けたことからも明らかなように、国民が単に「押し付け憲法だから」と言うだけでなく、具体的内容面での論拠を知りたがっていることと、若い人々の参加が多く、その点で、改憲論が着実に定着し始めた、と言えそうです。

▼それは、翌日の新聞に、同日の護憲派集会で飛鳥田社会党委員長が、「今は組織した力で立ち向かわないと、改憲の動きには勝てない」と、護憲派の危機感を訴えた、との記事にも裏書きされております。

（巻末の大会報道記事参照）

▼彼らが組織力を動員するならば、我々も組織を作って対抗しなければなりません。全国の心ある皆様方の御協力をお願いします。

（清原）

憲法 第十三回国民大会報告号

発行日　昭和五十七年六月二十日

編集発行人　事務局長　清原淳平

発行所　**自主憲法制定国民会議**

〒106港区六本木七―三―二
ラポール乃木坂一〇三

電話　五八一―一一九二番

振替　東京六―二二八七九

定価　三百円（送料七十円）

▲新緑の美しい明治神宮内苑を会館へ向かう岸会長一行

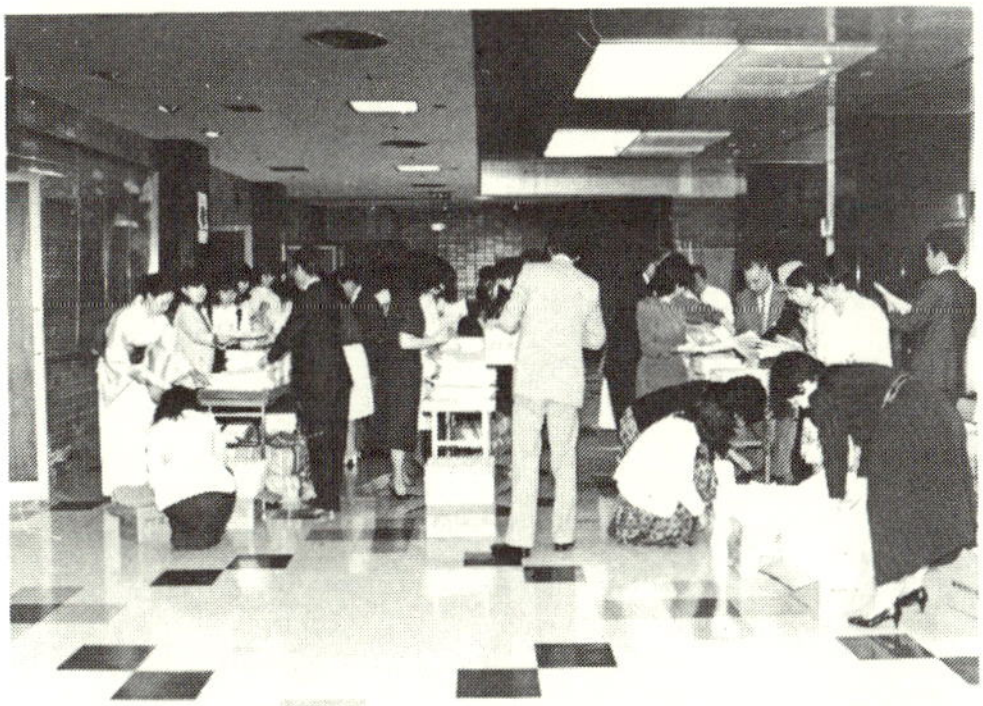

▲早朝から２千を越す大会資料を袋詰めする

▲３日間にわたり２台の街頭宣伝車も出

▲閉幕後もテレビの取材，全テレビ局放映す

▲満席でロビーにまで溢れた人

讀賣新

…憲派に危機感

サンケイ新聞

自主憲法派と護憲派 お互いに気勢

憲法記念日

「憲法を改めて時代に…しよう」と主張する自主憲法国民会議・自主憲法期成議員(岸信介会長)による「第十…主憲法制定国民大会」は、一…後一時半から東京・代々木の明治神宮会館で開かれた。自民党がことし一月の大会で自主憲法制定を決議しただけに、瀬戸山三男自民党憲法調査会長ら自民党国会議員も出席、約二千五百人が集まった。

「君が代」斉唱の後、会場中央の国旗に一礼してあいさつに立った岸会長は「日本国憲法の制定は日本国民の精神を骨抜きにする占領政策によるもの。今こそ自主憲法制定を」と強調。池田清志副会長が「国会で三分の二の多数がないと改憲はできない。それをつくるのは国民。選挙で改憲議員を多数に―」と運動方針を説明した。

続いて、自民党を代表して瀬戸山会長、学者文化人代表の幣原道太郎独協大名誉教授らが「推進の言葉」を述べた後①日本の国情にふさわしい自主憲法制定を目指す②全国の自主憲法運動の大同団結を進める③自民党が党を挙げて自主憲法制定啓発運動に取り組むよう要請する―を決議。壇上で岸会長から瀬戸山会長に決議文を手渡した。

一方、護憲派のメーン集会「憲法改悪を許さない反核・平和5・3憲法記念集会」(護憲連合主催)は午後一時すぎから東京都千代田区の日比谷公会堂で開かれ、約千三百人が参加した。

主催者代表の勝間田清一・元社会党委員長や来賓の飛鳥田一雄・同党委員長らが「今は組織した力で立ち向かわないと、改憲の動きには勝てない。この記念日を大きなスタートにしたい」とあいさつ。一般参加者席の四人が「政府の行為によって再び戦争の惨禍が起こることのないよう…」と憲法前文を朗読した。

(共同)

朝日新聞

…首も擁護声明

…正の動きや戦争を阻…を守るのは、私たち…んです」と訴えた。

この日、護憲派は社会党・総評系の憲法擁護国民連合が午前十時から上野駅公園口前で街頭演説、午後一時から日比谷公会堂で「憲法改悪を許さない反核・平和5・3憲法記念集会」。

…危機にさらされているときはない」と強調。こうした改憲の動きを阻止するためには「全国民が組織化され、対抗するしかない。反核・平和・軍縮の運動に総結集しよう」と呼びかけた。

…護憲だ」といったヤジが浴びせられ、護憲派内の足並みの乱れを見せた。

公明党は正午から渋谷駅前で街頭演説。一昨年、昨年と矢野書記長があいさつに立っていた…

…代わって吉田之久・教宣局長がマイクを握った。両党とも「日程の都合。それ以上の意味はない」としている。

共産党は東京・練馬の光が丘公園で開催中の「赤旗まつり」…

一方、改憲をめざす…制定国民会議(会長、…相)は自主憲法期成議…共催で、午後一時半から明治神宮会館で十三回目…憲法制定国民大会。神社…

野党側に姿勢の差

改憲派攻勢強まる中で

いずれも社会党の飛鳥田委員長、総評の槙枝議長を先頭に護憲の呼びかけ。

あいさつに立った飛鳥田氏は、自民党を…

日比谷集会には、来賓として公明党の渡部一郎・国民運動本部長が出席。「ともに護憲のたたかいに立ち…

…が、今年は黒柳明・国際局長ら。民社党は午前十時すぎから夕方にかけて、…

…で宮本委員長が記念講演し、自民党の改憲の動き…

…ど宗教団体、…

▼大会を報道した新聞記事

諸…

ションを配る（左から）飛鳥田、槇枝、勝間田の各氏（東京・上野公園で）

…ちの子供のた…んばりましょう。自民党の憲法改…求めてい…

…を開いた。

…取り組むよう求めることなどを決議した。

憲法記念日

対決色浮き彫り

自主憲法へ気勢

改憲派　消極首相をチクリ

自主憲法制定国民大会であいさつする岸会長（明治神宮会館）

自民党の国会議員を中心とする自主憲法期成議員同盟と、自主憲法制定国民会議（会長は、ともに岸信介元首相）は三日、東京・明治神宮内で第十三回自主憲法制定国民大会を開き、自主憲法制定に向けて気勢をあげた。

大会には、約二千人が出席、①新時代の要請にこたえるため、国情にふさわしい自主憲法の制定を目指す②自民党が、党を挙げて自主憲法制定のため、一大啓発運動に取り組むことを要請する——ことを決議した。

岸元首相はあいさつの中で、「現行憲法は一切の軍備を廃止して、日本人を骨抜きにするため、占領軍が押しつけた憲法」とし、「今や、精神面でその日本弱体化の目的は、着々と達成され、（日本は）麻薬中毒患者のような様を呈している」と一日も早い自主憲法制定の必要性を強調した。

岸氏はさらに、「平和、自由は、口先だけでできるものではない。日本は国力にふさわしい努力、犠牲を払って、世界の自由主義諸国と協力していかなければならない」と、一層の防衛力強化を訴え、返す刀で「自主憲法制定は自民党の党是だ。責任政党として総裁以下、全党員がこの運動を展開しなければならない」と述べ、自主憲法を目指す動きに消極的な鈴木首相を皮肉った。

主催者の同議員同盟は、福田、田中両元首相が顧問に、二階堂幹事長ら党三役が副会長にそれぞれ就任したが、この日の大会には、党実力者、首脳らの姿はなかった。

毎日新聞

自民と一体、改憲へ

自主憲法制定大会開く

「憲法を改めて時代を刷新しよう」をメーンスローガンに、改憲派の第十三回自主憲法制定国民大会が三日午後、東京の明治神宮会館で開かれた。毎年、自主憲法制定国民会議、自主憲法期成議員同盟（いずれも会長・岸信介元首相）が主催しているもので、約二千人が参加した。自民党の憲法調査会が現在、改憲草案のとりまとめ作業に着手している中での大会であり、「自民党が自主憲法制定のため一大啓発運動に取り組むことを要請する」との決議を採択するなど、自民党と一体となった改憲運動を前面に押し出したことが特徴となった。

大会ではまず、会長の岸元首相が「占領軍は日本弱体化を目標に現憲法を押しつけた。平和、民主、自由、基本的人権という原則に真の日本人の精神を盛り込んだ憲法を制定しなければならない」と主憲法制定を強調。さらに「改…自民党の党是であり、鈴木総…下、全党員が活発な国民運動…開しなければならない」と述…現段階で党が改憲運動を展開…ことには消極的な姿勢をみせ…る首相に注文をつけた。

この日、閣僚や党三役をは…自民党執行部からの出席は…瀬戸山党憲法調査会長があ…し、「平和のために努力す…当然であり、言葉だけでな…済、文化を発展させると同…和国家となるための憲法を…要がある」と述べた。

このあと①平和と自由…義を基本とし、新時代の要…たえるため、現行の占領…わる自主憲法の制定を目…

「自主憲法制定」が年頭…大会で改めて掲げられた…

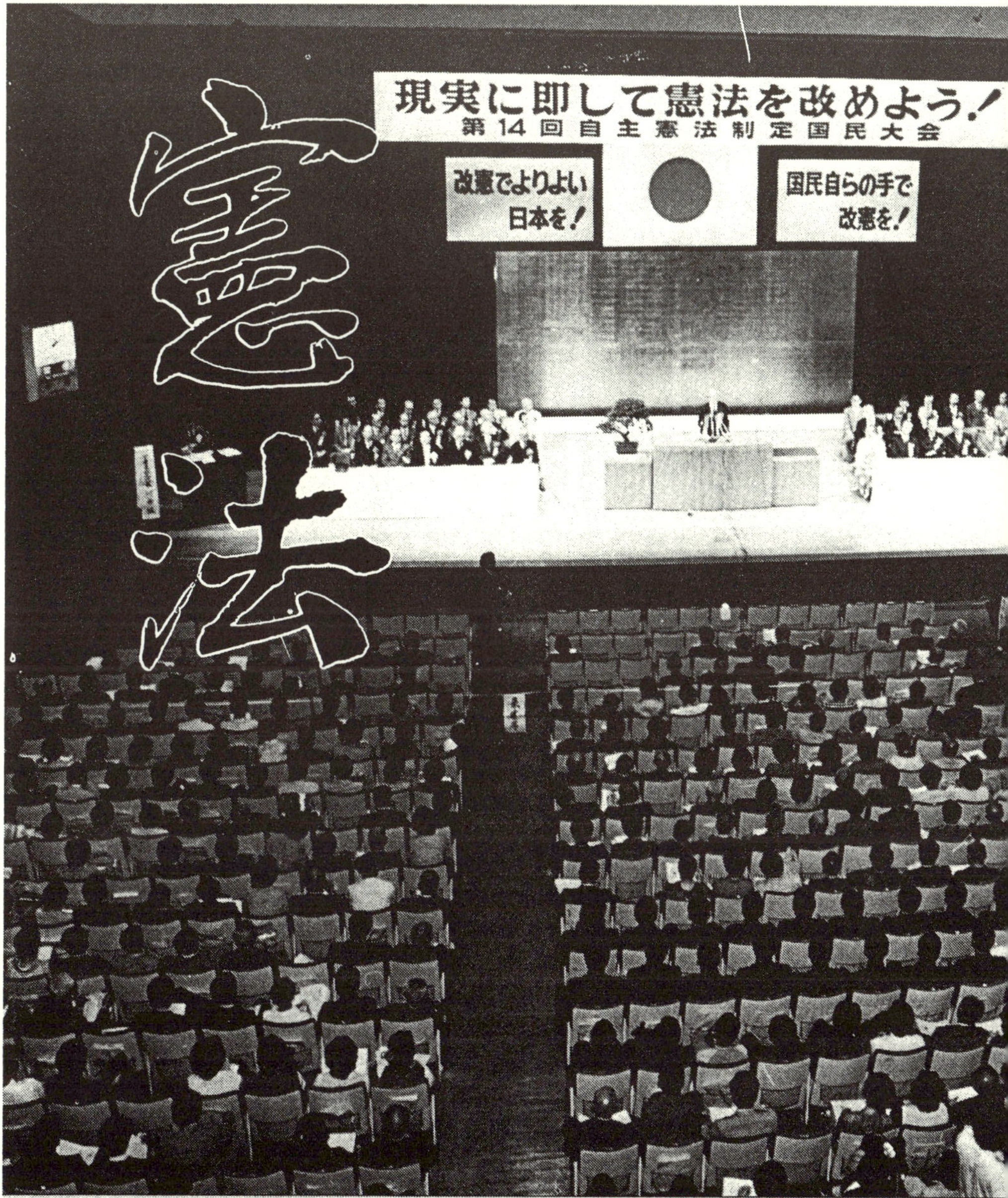

● 現実に即して憲法を改めよう！

第14回
自主憲法制定国民大会報告号

自主憲法制定国民会議・自主憲法期成議員同盟

■題字は岸信介元総

大会プログラム／目次 〈●白抜き数字は本文の頁を示す〉

司会 関口　孝

一、国家斉唱（一回）

二、開会の辞　参議院議員　自主憲法期成議員同盟常任理事　八木　一郎……❶

三、会長挨拶　自主憲法制定国民会議　自主憲法期成議員同盟　会長　岸　信介……❷

四、運動方針　自主憲法制定国民会議理事長　植竹　春彦……❼

五、推進の言葉

自由民主党代表　衆議院議員　元運輸大臣　自由民主党国民運動本部長　塩川正十郎……❽

議員同盟代表　参議院議員　元運輸大臣　自主憲法期成議員同盟常任理事　木村　睦男……❿

学者文化人代表　日本大学名誉教授　憲法学会会長　川西　誠……⓬

婦人代表　日本婦人連合会会長　荒川　綾……⓮

青年代表　国際勝共連合運営本部長　河西　徹夫……⓰

六、大会決議　国士館大学生　加藤　覚……㉒

七、記念講演　京都大学教授　政治評論家　勝田吉太郎……⓲
戦後の総決算は改憲からはじまる

八、閉会の辞　日本郷友連盟会長　廣瀬　栄一……㉓

九、万歳三唱　明治神宮宮司　高澤信一郎……㉓

壇上向かって右，各界からの来賓

▲熱弁をふるう岸信介会長

▼壇上向かって左，発表者と主催者側

▲長蛇の列をつくる熱心な入場者

▲高らかに大会決議文を読む国士館大学生加藤覚君

▲閉会の辞を述べる廣瀬栄一氏

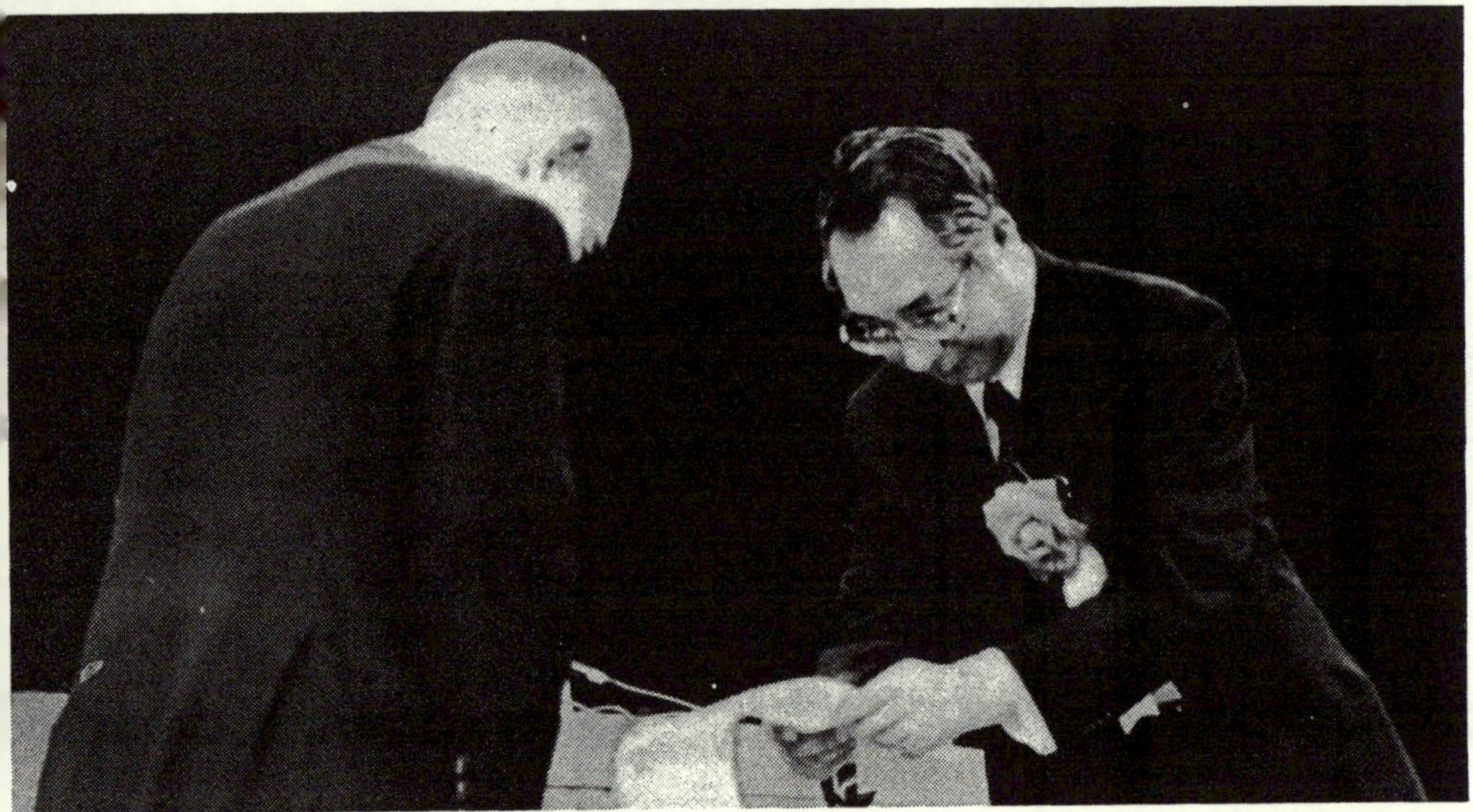

▲大会決議文を自民党代表に手渡す岸会長

●開会の辞

決意を新たに　自主憲法の推進を！

参議院議員
自主憲法期成議員同盟常任理事
八木一郎

本日は飛び石連休の中間にもかかわらず、かくもたくさんの方々が御参集下さいましたことにたいし、主催者の一員として、まことに感激の極みであり、心から御礼を申しあげます。

さて、私事にわたって恐縮ですが、私は昭和二十二年に衆議院議員に当選し、その後、昭和三十八年に参議院に移りましたので、今日までほぼ三十五年にわたり、今の日本国憲法とともに歩み、国政に参与してまいりました。

この三十五年間、自主憲法制定運動は、与・野党勢力の推移に応じて幾多の消長もありました。しかし、私は、この三十五年間、節を変えず、信念をもって自主憲法制定運動を続けてきたことを誇りに思っております。（拍手）

改憲運動も、近年、長いトンネルをくぐりぬけて、国民の皆さんも「日本は共産主義や社会主義ではダメだ。自由主義社会のなかで生きるべきだ」と腹の底から悟るようになるとともに、現行憲法が、諸般の情勢から現実にそぐわなくなったことも気づいております。（拍手）

そうした情勢を反映して、われわれ議員同盟のメンバーも、続々とふえ、また自由民主党は、今年一月二十二日の党大会で、「自主憲法」を運動方針や大会宣言ばかりでなく、大会決議にまで掲げるにいたりました。また、御承知のように、中曽根首相も前向きの姿勢をとっております。（拍手）

ここは、党が自主憲法を大会決議に掲げたことからも、総理の前向き姿勢からも、国民の皆さまが、憲法改正が何故必要か、どこを改正するのかを、お手もとに配布した資料などから学んでいただき、自主憲法制定の気運をいっそう盛りあげて下さることを熱望してやみません。（拍手）

その点で、このあと岸信介会長はじめ、登壇者の方々の意見に耳を傾けていただき、自主憲法制定への決意を新たにされることを願って開会の辞といたします。（拍手）

●会長挨拶

自主憲法制定を政治日程にのせよ

自主憲法制定国民会議会長
自主憲法期成議員同盟会長
岸　信　介

●憲法改正は政治の最重要課題

私は、過去十四回、毎年五月三日のこの国民大会には、欠かさず出席して、この壇上から、何故に憲法を改正しなければならないか、憲法改正の要点はどこか、さらには、国民運動を展開することの必要性などの重要視点を、国民の皆さんに訴え続けてまいりました。

しかし、元気なようでも、私は、今年、米寿を迎えます。（拍手）　したがって、この自主憲法制定の大事業を成し遂げるには、なんといっても、もう年をとっております。私は決して、この運動をやめることはありませんが、今年は特に、若い世代の人々がこの運動を理解し、盛り上がる若い力を結集して、一日も早く、憲法改正を実現するために起ちあがって下さることを、まず、お願いする次第であります。

顧みまするに、私が、自主憲法制定（憲法改正）問題と最初に取り組んだのは、今を去る昭和二十八年のことでありました。その時、私は政界復帰して間のない頃でありましたが、時の吉田総理から、自由党が憲法調査会を設置するに当たり、初代の憲法調査会長に就任してほしいと要請されて、これを受けたのがその始まりであります。

つまり、私の政界復帰の最初の仕事は、自主憲法制定であり、また、昭和三十年に、保守合同の気運が起こり、自由民主党を結成いたしましたとき、私どもが、自由民主党の最も重要なる党是の一つとしたのが、この自主憲法制定であって、われわれは、保守政党の責任として、これを実現する決意を、はっきりと天下に示したのであります。（拍手）

また、その後、鳩山内閣と岸内閣では、積極的に憲法改正と取り組むことを決め、憲法調査会法を制定し、内閣に憲法調査会を設置して、自主憲法制定への基礎づくりをいたしました。そして、その後も、私は、一貫して自主憲法期成議員同盟に籍を置き、昭和四十四年には、その会長となり、また自主憲法制定国民会議の会長をも兼任して、今日に至りました。それと言うのも、私が、この憲法改正問題を、わが国の政治の最重要課題、と考えているからにほかなりません。（拍手）

しかるに、鳩山内閣、岸内閣のあとはどうでありましょうか。その後の内閣はいずれも、憲法問題には逃げ腰で、いっこうに積極的な行動に出ようとせず、荏苒（じんぜん）日を過ごしてきたことは、まこと

に遺憾であり、残念でたまりません。（**「そうだ」**との掛け声、憤懣のどよめき）

●論議する以上は、これを実現せよ

しかしながら、最近、内外の諸情勢の変化から、国民も、法と現実とのギャップに気付き、三十六年も前の憲法は見直すべきではないか、と考えるようになり、そうした気運を反映してか、自由民主党は、本年一月の党大会で、自主憲法制定を運動方針や大会宣言ばかりでなく、大会決議にも掲げるようになり、自主憲法期成議員同盟へ加入する国会議員もふえて、三百八名を数えるに至りました。（**拍手**）

また、中曽根内閣が成立しますと、中曽根総理は、国会における憲法問題に関する答弁において、従来の総理がとった消極的態度を捨てて、憲法論議も大いにやるべし、民主主義のもとにおいてタブーがあってはならないと発言され、これによってこの国家の重要課題が、しばらくぶりに総理大臣によって、国民の検討の場に持ち出されたことは、中曽根首相の志の高さを示すものとして、高く、これを評価するものであります。（**拍手**）

ただ、残念に思いますのは、折角、そうした発言をされながら、憲法改正は中曽根内閣の政治日程には上げない、と言っていることであります。私自身は、われわれ政治家たるもの、論議すると言うならば、ただ論議するがために論議するというのではなくして、論議する以上は、これを実現するために論議すべきだ、したがって、政治日程に取り上げるべきだ、と考えるのであります。（**「そうだ」**との掛声・**拍手**）

自主憲法の制定、憲法の改正ということは、大事業であります。それゆえに、政治日程に取り上げましても、これを実現するまでには、かなりの日時と準備が必要であります。例えば、今の行政改革にしましても、これを政治日程に取り上げて、第二臨調を作り、土光君をはじめ臨調委員が日夜研究を続けて、答申を得るまでには、二年かかっております。また、この答申を実現するためには、国会において、法律を制定するなどさらにいろいろな手続きが必要となります。こうして行政改革にしても、政治日程に取り上げてから、これが実施されるまでには、少なくとも三年から五年という年月を要するものであります。

いわんや、自主憲法の制定という、国家的大事業を成し遂げようとするならば、なかなかに一つの内閣の政治日程だけで実現するものではなく、数代の内閣の政治日程にわたる問題であります。それだけに、私は、一日も早く、自主憲法制定を、主要政治日程として取り上げる内閣を作らなければならない、と切実に考えている次第であります。（拍手）

熱心に聴き入る参会者

● 若き政治家よ　国民運動の前面に立て

それだけに、私は、前に述べましたように、自由民主党の内閣が、歴代こうした重要な国家的問題を、なおざりにしてきたことはきわめて遺憾とするものであります。そこでこのたび、私は、中曽根内閣に期待をかけ、中曽根君ともいくたびか会いまして話し合っているのでありますが……、しかし、なんといっても、この事業は長期にわたりますだけに、若い政治家が、国家的・民族的次元に立ってこの問題を理解し、情熱を傾けて率先この運動に挺身するようでなければなりません。つまり、私のごとき年寄りは第二線に退き、若い政治家が第一線に出て、この運動を推進するようでなければなりません。

若いといえば、八十八歳になろうという私に比べれば、中曽根君は私より二十五歳も若いのです。つまり、世代が一つ違うのです。そうした意味では、中曽根君もまだ若いのですから、まず中曽根君が先頭に立って、さらに若い政治家たちを引っ張っていってもらいたい。(拍手)

自主憲法の制定、憲法の改正は、国家にとって、民族にとって、きわめて大切なことであります。(拍手)これを、戦後三十五年も経って、いまだに政治日程に取り上げないことに、私は、満腔の不満があります。若い政治家諸君は、早くこの問題の重要性に気づき、立ち上がってもらいたい。そして、一日も早く、これを政治日程に取り上げる内閣を作ってもらいたい、と切に念願するものであります。(拍手)

私も、第一線は退きましたが、政治家の一人として、また国民の一員として、この自主憲法制定の運動は、最後まで、私のつとめとして続けてゆく覚悟でありますが、今日は、この会場に若い方たちも大ぜい見えておりますので、私たち老人も頑張りますが、特に、若い方々にこの運動の第一線に立っていただくことをお願いし、一日も早く、現憲法の矛盾を見直し、現実に即した、本当に日本人の手による、私たちの憲法を作ろうじゃありませんか。(拍手)私は、国民諸君の、これに対する熱烈なるご支援が与えられますことを、切にお願い申し上げて、ここに、私のご挨拶といたします。(拍手)

一人ひとりの努力で国民的大運動へ！

元郵政大臣　自主憲法制定国民会議理事長
植竹春彦

私は、自主憲法制定国民会議の理事長として、当団体の運動方針について述べさせていただきます。

先ず、昨年五月三日の大会後の一年間をふりかえってみますと、内外の諸情勢から、日本は自由主義社会の下で生きていくためには、現行憲法の非現実性が各所で指摘されている現状を踏まえて、現憲法を見直し、洗い直すことが緊急課題として論議の的とされてきました。（拍手）

そうした国民的動きを反映して、議員同盟の会員数も、今日では三百八名という大議員同盟に成長しております。さらには、昨年十一月、改憲への深い理解者である中曽根総理が登場いたしましたので、私ども議員同盟から自民党総裁宛に改憲促進の要請書を提出するなどの努力が実って、開会の辞で述べられたように、本年一月の自民党大会における決議にまで発展したのであります。（拍手）

こうした実績を踏まえて、これからどういう運動を展開していったらよいか。すでにお手もとにお配りした「現憲法をどう改正するか」という小冊子は改憲運動を進める上の具体的教材でありますから、これを参考にしていただく。

したがって、今日の会合が終りましたら、議員同盟においては、国会内対策によって、この運動における指導的役割を進めていきますから、本日お集りの同志の方々は、それぞれの地域、職場に帰られて、少人数でも中人数でもよいから、小異を捨てて大同につくお気持で、この憲法刷新という国家的、民族的な啓発運動のために、研修会なり、講演会なりを開くなど、さまざまな手順で啓蒙と普及に取り組んでいただきたいということをお願いする次第です。

先ず隗より始めよ、です。お一人が身近なお一人を説得する。二人になり、そして四人になり十人になり、やがて百人、千人、一万、十万、百万人と幾何級数的に発展して、国民的大運動に花を開くことができるのであります。（拍手）国家的事業などというとはなはだ大げさに聞えますが、われわれ一人一人の集まりが国家です。どうぞしてわれわれのために、そして続いてくる子や孫のために、この運動をひろげようではありませんか。（拍手）

●推進の言葉

原点に立ち返って憲法問題を考え直そう

衆議院議員　元運輸大臣
自由民主党国民運動本部長
自由民主党代表　塩川正十郎

今日は、自由民主党を代表して、二階堂幹事長が参って皆さまに御挨拶申し上げる予定でありましたが、昨日、幹事長から電話がありまして、鹿児島県下でのっぴきならぬ党務があって、東京へ戻る時間がなくなってしまったので、頼むと言われました。私がいま党の国民運動本部長をいたしている関係上、幹事長に代わり、自由民主党を代表いたしまして、皆さま方に御挨拶とお願いを申しあげる次第であります。(**拍手**)

さて、今の憲法が制定されて三十六年になりますが、その制定当時、私は突然「憲法が変わるんだ」と聞かされ、憲法改正の論議がいったいどこで、どのような状態の下で行われたのか、全く分からないままに新憲法が新聞に発表されて、実はびっくりした記憶を持っております。その当時の国民は、食うや食わずの生活をしていた時でもあり、みな、私と同じ程度の認識しかなかったのではないでしょうか。

その後、どうやら生活も落ち着くに至り、現行憲法が、占領軍によって、ハーグ国際条約にも反して、しかも、かなり強引な形で制定された経緯が分かって参りますと、私も、これは、なんとしても今の憲法を見直して、日本民族みずからの手で憲法をつくり直さなければならない、との信念を持つようになって参りました。

昭和三十年に誕生した自由民主党も、先ほど、岸先生が言われたように、同志がそうした考え方に立ち、自主憲法制定を党の政綱などに掲げて出発したのでありますが、その後、こうした大事な問題が、国会の場で与野党の駆け引き材料に使われてしまったことは、まことに遺憾なことであります。(**「そうだ」**の掛け声)

最近、左翼の言論人やいわゆる文化人によって「憲法改正は即軍国主義」「改憲は戦争に通ずる」といった宣伝が活発化しており、そのため、国民のなかには、短絡的に、憲法論議は反動と思い込んでいる傾向があります。

しかしながら、憲法をはじめ法というものは、現実から遊離しては、価値あるものではありません。それ故、世界いずれの国も、国情の変化にともない、その憲法が現実に適合しなくなれば、どしどし改正しております。国民の皆さまも、ぜひ、そうした世界の実情を知っていただきたいと思います。（拍手）

先ほど申しましたように、今の憲法は占領軍の終戦処理行政の一環として制定されたものです。つまり、それは、与えられた憲法であって、国民の自発的発議によってつくられたものでないことは明らかであります。占領下において「独立の暁には、自主的な憲法、民族個有の憲法を作ろう」というのが、保守党、そして大多数の良識ある国民の気持であったと思います。（「そうだ」の掛け声）

そして、その願望が、保守合同の気運を醸成して、昭和三十年十一月十五日、この「自主憲法制定」を大義名分の一つとして、今の自由民主党が誕生したのです。その意味で私どもは、この際、そうした原点に立ち返って、憲法問題を考え直してみる必要があると考えます。（拍手）

幸い、近年、党内でも、再び憲法を見直そうとの気運が出て来て、党の憲法調査会も再開され、国会でも論議の対象となるようになって参りました。

そうしたとき、過日、本大会の主催者であり、自民党の国会議員の大多数が加入しております自主憲法期成議員同盟で、改憲案の冊子を出版され、私の事務所へも届けてくれました。今もここに持っておりますが、これです。（冊子を高く掲げる）これは、「国民の理解を得られ易いもの」という視点から、国民の改憲論議の叩き台としてまとめられたものですが、当面の改正点が二十五項目にわたりひじょうに分かりやすく、そして考えさせられるように書いてあります。

私のところの若い秘書も、これまでは、憲法問題はむずかしくてよく分からないといっておりましたが、この冊子を読んで、なぜ改正しなければならないか、どこにどういう問題点があるか、よく分かったと申しております。今日は会場に若い人も大ぜい見えておりますが、どうか、この冊子を読んで、ぜひ認識を新たにしていただきたい。

この案は、いま直ちにわが党の改憲案と決定できるわけではありませんが、国民の改憲論議を起こしてゆくには、大そうよい資料と思われますので、私も大いに活用してゆきますが、今日お集まりの皆さまも、あらゆる機会にこうした資料を活用して、世論を盛り上げて下さるようお願いいたしまして、私のご挨拶とさせていただきます。（拍手）

9

●推進の言葉

護憲運動の裏側を見抜き 信念をもって改憲運動を進めよう

参議院議員 元運輸大臣
自主憲法期成議員同盟常任理事
議員同盟代表 木村睦男

私ども自主憲法期成議員同盟は、占領下に作られた現行憲法は見直すべきであるとの考えに立つ議員の集まりで、現在、現職国会議員三百八名、前元国会議員百十二名、それに地方議員多数を擁しております。

この議員同盟の歴史は古く、すでに、今の憲法が制定された占領下で、自由党、改進党、民主党、緑風会などの心ある議員が超党派で集まって、「独立の暁には、自主的な憲法を作ろう」と話し合っていたのでございます。

そして、いくつかの会名を経て、昭和三十年七月、名称を「自主憲法期成議員同盟」と定め、本格的な活動に入ったわけでございますが、折から保守合同の気運が起こり、四か月後の昭和三十年十一月十五日には「自主憲法制定」を大義名分の一つとして、今の自由民主党が誕生するわけでございます。自民党がその政綱などに「自主憲法制定」を謳っておりますのも、こうした経緯からでございます。

その後、議員同盟は、この党是を推進すべく、改憲草案を作成したり、同志の獲得に努めるとともに、党や内閣の憲法調査会を支援するのをはじめ、また昭和四十四年には民間有力団体にお願いして「自主憲法制定国民会議」も結成していただき、こうして毎年、国民大会を開催して、啓発運動をいたしているわけでございます。(拍手)

さて、お陰様で、近年再び改憲論議が高まってまいりましたが、ご承知のように、共産党、社会党は、護憲、すなわち今の憲法を改正すべきではないと叫んで、猛烈な運動を展開しております。

しかし、これは、今の憲法制定当時の経緯を知るものにとっては、誠におかしなことと言わねばなりません。と言いますのは、制定当時、共産党と社会党は、今の憲法に反対していたからでございます。

すなわち、共産党は当時、主として二つの理由をあげて反対いたしました。その一つは、この憲法は、依然として天皇制を存続せしめているから賛成できない。もう一つはこの憲法は軍事力を認めていない、国家が軍隊を持てないで、どうして国の安全と独立が保てるか、と言っておるのでございます。(拍手)

また、社会党は、制定議会で賛成はいたしましたが、やむをえずこの憲法に賛成すると言っております。「やむをえず」とは何を意味するか、それは、社会党は当時、社会主義に立つ憲法草案を用意しておりまして、これが受け入れられなかったがために、やむをえずこの憲法を認める、ということであったのでございます。

こうした歴史的事実があるにもかかわらず、この両党が当時の態度を百八十度転回して、護憲運動を展開しているのは、まことに理解に苦しむところであり、それは、世上言われているように、彼らの本心は、日本を社会主義化・共産主義化することにあり、そこへ持って行くためには、当面は今の占領憲法のままにしておく方が、彼らにとって有利である、と戦略的に考えているからにほかならない、と言えましょう。

また、彼らは、国民に対して、そうした本心をかくすとともに、憲法を改正すると、現行憲法が掲げる民主主義・平和主義・基本的人権尊重主義の三大原則が廃棄され、日本は軍国主義に逆戻りする、と盛んに宣伝しております。

しかし、これは、根のないデマ宣伝ですから、国民の皆様は、こうしたデマ宣伝に乗せられてはなりません。なぜなら、わが自由民主党の政綱には、「平和主義、民主主義及び基本的人権尊重の原則を堅持しつつ、現行憲法の自主的改正をはかり、占領諸法制を再検討し、国情に即してこれが改廃を行う」とはっきり書いてあるからです。

また、彼らの言う軍事大国化の宣伝も、軍事技術的に見て、仮りに日本がそうした方針をとったとしても、数十年かかっても、とても米ソ両大国の軍事力に追いつけるものではなく、また、何よりも、賢明なる国民の皆さんが、そうした方向への選択を許すはずはなく、私どもは国民の皆様を信じておりますし、自民党の議員にしても、そうした非現実的な考えを持った者は一人もいないことを、ここに断言いたします。(拍手)

私ども改憲派は、今の憲法が、国民も十分な意志の表明が出来ず、国会も自由な発言の場ではなかった占領下に、国際法を無視して作られたものだから、いま自由な意志の下、改めて憲法を見直そうと考えているわけで、そうしたことを御理解の上、今後とも一層の御協力をお願い申し上げて、御挨拶といたします。(拍手)

●推進の言葉

現行の日本国憲法は独立国の憲法といえない！

日本大学名誉教授
憲法学会会長
学者・文化人代表　川西　誠

全国からお集まりの皆さまとともに、憲法を考えるこの光栄を感謝致します。今日のように、憲法が一般国民の方々に論議されていることは、私ども憲法を専攻している者としましては、非常に光栄なことであり、また、国民といたしましても御同慶のいたりだと思うのであります。

ところで、「憲法」という言葉は、よく口にされますが、憲法にもいろいろな種類がある、ということを御存知ない方も多いと思います。そこで、憲法にはどのような種類があるのか、これから述べてみたいと思います。

たとえば日本国憲法の場合ですと、日本が荒廃のさ中にあった昭和二十二年に公布されました。つまり、終戦のどさくさの最中に出来たものでありますから、当然のことながら、占領軍の思惑の下につくられたものであります。

その思惑とは、第一に、敗戦国の国民は静かに、おとなしくしていよ、というものでありまして、日本国の独立などということは、全く考慮されていないのであります。

そのことは、日本国憲法の前文に、はっきりと示されています。つまり「平和を愛する諸国民の公正と信義に信頼して、われらの安全と生存を保持しようと決意した」というのであります。自分の国の存立を、他の国にお任せするような国が、独立国と言えるでしょうか。（拍手）そういう意味で、日本国憲法は「占領憲法」と言えるのであります。

さらに、日本国憲法には、もとの英文を翻訳する際に、明らかに誤訳したと思われる箇所がいくつか見られます。たとえば、憲法第十八条であります。「何人も、いかなる奴隷的拘束も受けない」とありますが、もとの英文における bondage（ボーンディジ）という語は、「奴隷」という意味ではなくて、「本人の意志に反する労役」というふうに解すべきであります。ですから、第十八条は、「何人も、本人の意志に反する、いかなる労役も受けない」と訳されるべきなのであります。

このようにして見ますと、現在の日本国憲法は、占領政策に即して、アメリカの憲法を訳したものであり、それに輪をかけて、アメリカの憲法を誤訳したものである、ということがわかります。そのアメリカの憲法とは、ヨーロッパや、その他いろいろな国から来た移住民が、植民地の憲法としてつくった州の憲法をモデルにして、一七八七年に出来たものであります。ですから、二千年来、単一民族国家としてやって来た日本に、人種も職業も異なる人々が寄せ集まってつくった憲法とが合うはずはありません。日本国憲法には、二千年の歴史を持つ日本の民族精神が、全く盛り込まれていないのであります。（拍手）

今の日本国憲法は、つくられてから既に三十六年経っています。それを、人間の一生に照らしてみますと、生まれてから三十六年経ていますから、立派な大人になり、社会的な経験も、また、社会的な実力も身につき、自由に社会で活躍できる年代になっていると言えましょう。ですから、ここで我々も、今ある憲法を見直し、次の時代に、そして来たるべき世代の人々に合うような憲法をつくらなければいけない、という大きな責任を負っているのであります。

その憲法とは、先程も言いましたように、まず、日本民族としての精神を盛り込んだものでなければいけない、と思います。次に、独立国家として日本が存在して行くには、自分の国は自分で守る、という精神が憲法に入っていなければなりません。つまり、有事の場合のことを想定しなければならないのであって、これは、どこの国の憲法にも盛り込まれていることであります。御承知のように、新聞などでよく、「有事立法」という言葉を耳にしますが、今の憲法には、有事立法が全くありません。緊急時にはどうするのだ、という規定が全然ないということは、日本国憲法が占領憲法だからであります。お前達はおとなしくアメをなめていればいい、お前達のことは、アメリカが面倒見てやる、という考え方であります。占領憲法でなく、真の独立国にふさわしい憲法を作らねばなりません。

憲法を考え、つくり変えるということは、皆さん一人ひとりの問題なのです。政治家の方々にリーダーシップをとってもらい、我々学者は援護射撃をします。そして、その主導権を担うのは皆さんです。各々の職場においてリーダーとなり、人任せにせずに憲法を変えようとすれば、期せずして素晴しい日本の憲法が出来る筈であります。（拍手）　人任せにせずに、皆さんが新しい憲法を作るよう努力されることを切に願って、私のご挨拶に代えたいと思います。（拍手）

●推進の言葉

少年非行が行われる原因は国の基本法の欠陥にある

日本婦人連合会会長　医師
婦人代表　荒川　綾

本日たいへん貴重なこの大会に立たせていただきますことは、まことに光栄であり、またしみじみと責任を感ずるものでございます。

現行憲法が制定されましてから三十六年を迎えるわけでございますが、この日本占領中にできた憲法を新しく制定するためにさまざまな論議が重ねられてまいりました。しかしついぞその実現を見ることなく今日にいたっております。

では世界において憲法はどのような事情になっているかを調べてみますと、日本と同じ敗戦の立場にあった西ドイツにおいては戦後三十四回改正が行われております。同じ期間にスイスでは三十三回、アメリカが五回、ソビエトにおいてはなんと五十一回も改正が行なわれているわけであります。

したがって、この三十六年にもわたって、日本を占領するのに都合のいいようにつくられた憲法が、そのまま通用しているということはどういうわけでございましょうか。それなのに、護憲を叫ぶ側は、改憲反対だといっておりますし、また改正するとしても、衆、参各議院の総議員の三分の二以上のご賛成が得られないと法制化ができない、というたいへん厄介な仕組みになっております。

占領憲法をつくった占領軍の主導的立場にあったアメリカにおいても、今ではこの憲法に対して疑義が出されておりますし、現在の世界平和が、米ソ超大国を頂点とする東西関係のバランスの上で保たれているという現実を考えましても、ここで私たちが一票を献じて国会に出られた議員諸先生にもう一ふんばりを願いたいところでございます。

（拍手）

昨年来日したソ連の亡命作家ソルジェニーツィンさんが

いわれましたが、日本のお国はたいへんノンポリだ、というのです。大地震があったり、大火災があったり、火山が爆発したりすると大騒ぎをするが、もしもソ連が日本へ侵攻する、というような事態が生じたら一体どうされるのですか、と警告されておられました。（拍手）

この四月、アフガニスタンの客員教授として赴任されていた松浪健四郎先生のお話を伺ったのですが、あっという間にソ連軍が入ってしまったというのです。その後反政府ゲリラによる激しい抵抗で手を焼いているようですが、一度侵攻を許せば取りかえしのつかないことになります。

ソ連の頭を悩ましているポーランドは、東欧における社会主義国として重要な立場にありますが、ポーランド首脳部は、戒厳令まで布いて国を統制しているのがその現状です。元来ポーランドは、ローマ・カトリックを国教とした伝統を持つ民族で、「地球の上に恐怖はない」という信仰・信念をもっている筋金入りの国民であり、激しい闘いをつづけて遂に弾圧され、解散させられた労働組合「連帯」が今なお形をかえて祖国を守りつづけていることはご承知の通りであります。（拍手）

それにひきかえ、私どもの国を考えますときに、まことに私つらいと思いますのは、横浜の公園で幾人かの中学生が浮浪者に襲いかかり、そのなかの一人を殴り殺してしまった事件でございます。なぜに、なにゆえにあのような背筋の寒くなることが起ったのでしょうか。

あの子供たちは試験管ベビーではなかったはずです。ちゃんとした親御さんがあったと思います。子供の人格的要素は、これを形成する過程において、母親の胎教から母乳を与えて育てる家庭教育、その次に大切なのが学校教育であります。その大切な教育期間、日本を自分の国家と思うのか思わないのか、疑わしい日教組の先生方が、なお四十万もいらっしゃると伺い、たいへんな不安を感ずる次第です。

「国家の基盤は教育にあり」と申しますように、教育とは人づくりの根幹をなすものであります。ソ連には二億七千万人の人口があります。この国民を引っぱっていくのが一千七百万人といわれる共産党員です。この党員の資格を得るためには、およそ十か年にわたるきびしい訓練が重ねられます。そして、マルクス・レーニン主義によって世界制覇を目指す恐るべき共産党集団ができあがるのであります。

これに対応する西欧諸国、そのなかの私たち日本は、今のような姿勢でよいものでしょうか。（拍手）

私は母であり、主婦である立場から、少年非行、家庭内暴力にたいしていささかたりとも身をかわすことなく、硬軟ともにある愛の子育てを貫き、教育の向うべき道を問い返し、そして到達する国づくりの基本となる新憲法の制定を心から願ってやまないのであります。（拍手）

●推進の言葉

大衆社会の啓蒙は青年の奮起と自覚から

国際勝共連合運営本部長
青年代表　河西徹夫

青年代表として、日頃感じてますことを、卒直に申し述べたいと思います。

最近、ソ連の亡命スパイであるレフチェンコが、数々の証言を発表し、一大センセーションを巻き起こしました。御存知のことと思いますが、その内容は、日本の有識者の中に、相当数に及ぶソ連のエージェントが存在する、というものであります。それ等のエージェントを使って、KGB（ソ連国家保安委員会）が画策したものは、一体何だったのでしょうか。それは、一言で言うならば、自主憲法制定運動を軍国主義の台頭だとする、日本弱体化への世論操作だったのです。（拍手）

残念なことに、ソ連のこの世論操作は、まんまと大成功をおさめてしまいました。日教組や日本共産党、あるいは偏向マスコミが、戦後三十六年間にわたって、一貫して続けて来た世論操作によって、戦後生まれの青少年の多くは、共産主義の脅威については、全くと言っていいほど無知になってしまいました。憲法改正をしようとすれば、「改悪だ！」と叫ばれ、防衛力を増強しようと言えば、「軍国主義の復活だ！」と総攻撃を受けてしまいます。悲しいかな、これが現代日本における青年層の実態と言えるでしょう。

しかし、将来の日本を背負って行く青年達が、このようなことでは困ります。そこでまず、青年層を啓蒙し、日本国内に巣食っている共産主義の実態を知らしめて、ソ連の日本侵略の意図を伝えて行かねばなりません。ソ連の世論操作を打ち破ることこそが、自主憲法制定を国民運動として定着させ得る唯一の道だからであります。

さて、それでは、どのようにして共産主義の世論操作を打破するか、と申しますと、まず、相手の戦術を見抜かなければなりません。共産勢力の恐ろしさは、ハッキリと共産主義だと分からないように、ベールを被って国民の間に浸透して来る点にあります。たとえば、反核運動がまさにそれであります。原子力発電は放射能廃棄物を放出するとか、事故が起これば多くの人間が放射能に汚染される、ということを聞かされると、誰れでも素直に原子力発電を恐がってしまいます。その心理に乗じて、共産主義勢力は反核と軍縮とをくっつけて、「自由主義陣営」の軍備縮小を唱えて来るのであります。よく考えてみれば分かりますように、ソ連においても原子力発電は行なわれているのです。しかし、一般大衆は、彼等のソフトな言い方に、まんまと騙されてしまうのです。全く巧妙な手口としか言いようがありません。

また、彼等は、今や、共産党を熱烈に支持する少数の人々を必要とは思っていないのであります。政治などにはおよそ無関心な一般大衆や青年層に、ターゲットを絞っているのであります。なぜなら、このような人々は容易に騙しやすいし、また、群集の持つ莫大な力を利用できるからであります。まさに、血に飢えた狼の前に置かれた小羊のようなものであります。さらに、最近では、保守的だと思われるような人々の中にまで浸透しようとしているのです。そして、彼等の錦の御旗とは、護憲であり、防衛力の縮小なのであります。

このような観点に立ってみますと、この自主憲法制定運動を推進して行くには、先程も申しましたように、国民大衆の啓蒙が急がれなければなりません。それには、まず、事実を正しく伝えるべきであります。巷では、吉田元首相は護憲派だった、という声を耳にすることがあります。しかし、これ程誤った話はないでしょう。なぜなら、吉田茂首相は、ハッキリと岸先生に、憲法調査会の初代会長を頼まれた経緯があるからであります。こうしたことは、歴史を丹念に調べてみれば分かることであります。これに類するようなデマが、世間には数多く流されているのです。

事の真相を把握すれば、国際社会に置かれた日本の立場を理解すれば、自ずと責任感や使命感が湧いて来ます。日本の、そしてアジアの平和と安全を守りぬく、という大きな使命感であります。この使命感の輪の広がりが、必ずや自主憲法制定への澎湃とした気運の盛り上がりを巻き起こすことでしょう。

我々青年は、誤った世論を打破すべく、一日も早く立ち上がらねばなりません。そして、一人でも多くの人に、事実を、歴史の真相を伝える使命があるのです。それを怠れば、共産勢力の日本侵略を阻止することはできない、このような危機感を持つ一人でございます。以上をもって終わらせていただきます。ありがとうございました。(拍手)

●記念講演

戦後の総決算は改憲からはじまる

京都大学教授・政治評論家　勝田吉太郎

先ず〃原点に返れ〃

今日三十六回目の憲法記念日を迎えたわけでございますが、まず第一に私は、「原点に返って考えるべきだ」と申し上げたいのでございます。

〃原点に返れ〃と言いましたのは、つまり三十七年前、この現憲法の草案が、当時の帝国議会で審議されておったその膨大な議事録を読みますと、当時の我々の先輩が、占領軍によって「これを呑まなければ天皇の身柄を保障しがたい」と、脅迫まがいに作られた憲法を涙ながらに呑んだ、という状況が非常によくわかるからでございます。

たとえば、あの当時、日本社会党の鈴木義男議員が、六月二十六日（昭和二十一年）の衆議院本会議において、憲法前文を評し、「誠に冗長であり、切れるかと思えば続き、源氏物語の法律版を読むがごとき感がある。泣くがごとく、訴うるがごとく、一抹の哀調すら漂うている」と。さらに第九条に関連して、「戦争の放棄は自衛権の存在まで抹殺するものではない。けれども軍備なくして自衛権の行使は問題にもならないのである」とも言っている。これ正に正論じゃございませんか。（拍手）同時に「局外中立、就中永世局外中立の如きは前世紀の遺物である」と論じて集団的安全保障の途をはっきりと主張したんです。

因に共産党はどうかと申しますと、同年六月二十八日の衆議院本会議において、野坂参三議員が、「戦争には、正しい戦争と不正な戦争があり、戦争一般の放棄ではなくて、侵略戦争の放棄とする方がもっと的確である」と論じております。

今日の共産党・社会党が、口を開けば護憲と言っておりますが、そこにはどうしようもない戦術的な打算と申しましょうか、あるいは底意が見えみえでございます。社・共

両党は本音を隠しているわけなんですね。（拍手）

しかし、社・共両党ばかりが、戦後の偽善と欺瞞の風土を作り上げているわけではございません。自民党もまたそうなんであります。歴代内閣は、わずかに鳩山内閣と岸内閣を除きまして、自由民主党の結党の時に、政綱に謳いました自主憲法制定を頬かむりいたしまして、「改憲はいたしません」と言うてまいったのであります。

そういう偽善と欺瞞の風土を、単に社・共両党のみならず、自民党もまたそれに加わって、お互いに保革ともども嘘で塗り固めてきたというわけでございます。ですからして、今日憲法改正というこの事業は、これは紛れもなくこういう偽善と欺瞞の風土を根底的に問い直す、そういう意味で道徳的な革命であると私は思うんでございます。（拍手）

憲法というものは、民法や商法といったような法典とは違いまして、国民の教科書・教典であり、そして多くの政治的な雰囲気といいましょうか、空気というものを漂わせておって、多くの心理作用というものを国民に及ぼす独特の法律・教典、つまりは国民の教典であるんです。かつて穂積八束という憲法学者が、「民法いでて忠孝滅ぶ」と申しましたが、この穂積八束の言葉になぞって申しますと、私はこう考えております。「今日の憲法いでて国を守る気概滅ぶ」と。あの貴族院において、我々の先輩たちが投げかけた危惧もこのことであったのです。

たとえば、東京大学の南原繁教授は、現憲法によって「東洋的諦念主義」が醸成されるのを危惧し、京都大学の佐々木惣一先生は、「国民が卑屈のような気持」に陥ると警告致しました。また高柳賢三という英米法の大家は、「この憲法は国民の心理の中に無抵抗主義を植え付けるであろう」と懸念したのです。いまや先輩たちの疑念は、現実のものとなりつつあります。（拍手）

現憲法は精神の植民地主義

私はかねてから私なりにこう申しております。「今日の憲法の最大の罪は、精神の植民地主義といったようなものを、国民の心理のうちに植え付けるところにあるんじゃないか」と。〝精神の植民地主義〟と言いましたが、言ってみれば亡国主義です。

そして、これまた大分前から私申しているんですけれども、現憲法というものは、「連合国と世界に向っての詫証文」に過ぎません。それが現憲法の一番の本質といいましょうか、ポイントだと思います。

ご承知のように連合国は、東京裁判におきまして、我が国を犯罪国家である、と決めつけました。そこで日本人は本質的に好戦的な人種である、前科者に力を持たせたらまた何をやり出すかわからない、そして、第九条で「戦争を放棄し戦力は保持しない」というふうに誓わせられているんです。あの正真正銘の侵略国家であるソ連まで含めて、すべての連合国は、平和を愛する諸国民であるから、その彼らの公正と信義に信頼しておればよろしい、というわけです。これが詑証文の本質です。（拍手）

敗戦後の日本を考えてみますと、力の行使、力は悪なりというものの考え方に自縛されているんでしょうか。国家の心棒（物理的強制力）というものをはっきり直視しておりません。つまり、法秩序あるいは国の独立、さらに国民の安全・自由・人権を断固として守る力と気概、気骨を発揮しえない国家となっているんです。

こういうふうな戦後の日本国家のあり方を、私はかねてから女性国家と呼んでおります。概して女性は、優しくて面倒見のいい、そういう人たちです。「これも致します、あれも致します」と、優しい顔つきでいろんなサービスを提供する、という女性国家の振舞いをいたしております。

まあしかし、福祉国家は無論よろしい。社会福祉当然必要でございますが、私ども夜枕を高くして眠れるということ、つまり安全ということ、これが国民各層にとって最大の福祉というのじゃないでしょうか。（拍手）言い換えますと、こういう福祉社会の前にしっかりした国家が必要なんですね。（拍手）

日本女性国家論

戦後、日本女性国家のありようを見てきますと、そこからどうしようもなく、一種の偽善と欺瞞の匂い、臭気が漂って参ります。昭和二十七年三月、吉田内閣の木村法務総裁は、かつて、マッカーサーの命令によって生み出された警察予備隊というものを、戦力を持たないと規定している憲法第九条にどう整合させるかということについて、「戦力とは近代戦争を有効適切に遂行し得る能力を言う」と定義いたしました。従って「警察予備隊というのは、そういう戦力を持たないから、憲法違反ではない」と、言ったんでございます。やがて警察予備隊は、保安隊に、次いで今日の自衛隊になります。現在の自衛隊も、依然として戦力なき軍隊なんです。

今日国民の八割以上が、この自衛隊を支持しておりますが、残念ながら憲法上はまだ私生児であり日陰者なんです。しかも皮肉なことにその憲法の秩序というものを、私生児、あるいは日陰者扱いにされている自衛隊が、一朝有事のときは、命を張り死を覚悟で守らなければならないのです。皮肉といえば皮肉じゃございませんか。（笑声・拍手）

さらにもう一つ、政府は、野党に追求されて「徴兵制は違憲である」と申しました。じゃ一体どの点で違憲なのかにつき、政府は憲法十八条を引用したわけです。それには「何人もいかなる奴隷的拘束を受けない」と、書いてあります。政府はこれを根拠にして、徴兵制は違憲だと述べてるわけです。だとすれば、事実上自衛隊員というものは、自発的な奴隷、つまり奴隷志願だということになるんですね。その奴隷に、一朝有事の場合、自由と民主主義という秩序を守らせるというんですから、これはどうしようもないブラックユーモアといえましょう。（笑声・拍手）

私は、決して自衛隊を非難してるわけではございません。満腔の同情をもって自衛隊を眺めているわけですけれども、こういう扱いをされている自衛隊に、どうして戦う戦意・士気、英語で言いますモラール（士気）が生じるでしょうか。モラールなき軍隊というのは、同時にモラル（道徳）なき軍隊のことなんです、道義心なき軍隊と。現に数年前、宮永防衛庁スパイ事件もございました。これはモラールなき軍隊だから、結局はモラルというものもない軍隊ということになるんでしょう。

そういうふうなモラールなき軍隊、またモラルなき軍隊にさせて来た保守党政府、はっきり言いまして、自衛隊に精神的なバックボーンを通さずやってきた、そういう怠慢極まる保守党内閣を批判してるわけなんです。（拍手）またそういう軍隊にさせている現憲法に罪がある、というふうに断じていいわけなんです。（拍手）

憲法改正は戦後の総決算

さらにまた考えてみますと、こういうモラールなき軍隊、またモラルなき軍隊、自衛隊というものの姿は、私ども国民の精神のあり方を鏡に写したものではないでしょうか。現にレフチェンコ証言で暴露されたように、単に左傾化したマスコミ・新聞界や学界ばかりでなく、外務省にも公安にも内閣調査室にもKGBのエージェントがいるそうじゃないですか。さらに社会党のみならず、なんと自民党の内部にまで、KGBが浸透しておるというわけですね。

まさしくこういったところにも結局は、国民の精神のあり方に最大の問題点があるんであって、言ってみればそれを亡国主義といいましょうか、あるいは敗戦後遺症というふうに呼んでもいいと思います。こういうものを根底的に問い直し、これでいいのかと、これで果たして国民の人権、自由また安全が保持できるのかと、子々孫々にわたって日本国が、今日真剣に問われなければならない時代になっておるんです。そういう意味で憲法改正という問題は、一種の道徳革命なんでございます。（拍手）

中曽根総理は、戦後の総決算を行うというふうに誓言致しました。総理のおっしゃる総決算という意味の最重要点は、まさしく敗戦後遺症という名の亡国心理を、この憲法改正という大事業を行うことによって治癒していくということでなければならない。その意味で憲法改正は、戦後の総決算につながると思うんでございます。（拍手）

大会決議

一、我々は、内外の諸情勢から、新時代の要請に応えるべく、占領下に制定された現行の憲法を改めて、わが国の国情と時代にふさわしい「国民の手による」自主憲法の制定を目指す。

一、我々は、自由民主党が、結党以来の重要政綱である「自主憲法制定」を、年頭の党大会で大会決議に掲げたとおり、党が率先して、一大啓発運動に取り組むよう、ここに要請する。

右 決 議 す る。

昭和五十八年五月三日

自主憲法制定国民大会

〈大会決議〉

司会 次に、大会決議案をお諮りいたしたいと思います。では決議案を、国士館大学生の加藤覚君に読みあげていただきましょう。

（力強く、上掲の大会決議案を朗読する）

司会 ただいま朗読致しました決議案を、今大会の決議として採択することにご異議ありませんか。（**盛大な拍手**）ありがとうございました。万雷の拍手をもって大会決議はここに採択されました。

なお、この決議は、自由民主党に対する要望も含まれておりますので、本会の岸会長から自由民主党代表塩川正十郎先生にお渡しいただき、党へご伝達願いたいと思います。（**大拍手**）

●閉会の辞

国民の総意を結集して自主憲法制定に挺身しよう

日本郷友連盟会長

廣瀬栄一

本日は伝統ある明治神宮会館におきまして、各界諸先生のご臨席のもと、多数同志各位のご参集を得まして、この国民大会が盛大に実施できましたことはご同慶のいたりに存じます。

長時間にわたって、岸会長をはじめ、この運動を推進する各位から、現実に副った力強いお言葉をいただき、なお憲法学会会長の川西先生、京都大学教授の勝田先生から、現憲法が学問的にもきわめて不合理なものであることを明解に指摘していただいたことは、たいへん有益であったと思います。また全会員の意向に基づいてつくられた大会決議案が、満場一致をもって採択されたことは、自主憲法制定の必要性を国民の皆さま方にご理解いただく上で、たいへん意義深いことであると存じます。（拍手）

しかし、革命勢力は、わが国の伝統、わが国の国体を破壊せんとする攻勢をとっております。今日ただ今も各地で各種の運動が行なわれております。私どもは、善良な国民の奮起をうながすとともに、革命勢力の波及をはねのけて、われわれの真理を貫く行動を、ここで一段と盛りあげる必要があると存じます。（拍手）

このような情勢のなかで、行政の立場からは中曽根総理が前向きの発言をされており、自由民主党におかれましては、大会決議において自主憲法の重要性を訴えられました。私どもは、自由民主党の決意と処置にたいして心から敬意を表しますとともに、さらに党をあげてこの運動を推進されますよう希望いたします。（拍手）

私どもは、本日のこの感激を胸にこめていっそうの決意をかため、自主憲法制定をわれわれの日常運動のなかに定着させて、実践運動の輪を大きくひろげていくことを皆さんとともに誓いたいと思います。主催団体を代表して、心からの御礼を申しあげ、閉会のご挨拶といたします。（拍手）

●万歳三唱

明治神宮宮司　高澤信一郎

それではご指名によりまして、天皇陛下の万歳の音頭をとらせていただきます。先ほど岸会長がおっしゃられたように、自主憲法制定を一日も早く政治日程にのせていただくことを祈念いたしまして、「天皇陛下万歳！」（全員による高らかな万歳三唱）ありがとうございました。（拍手）

盛会御礼

去る五月三日、明治神宮会館において挙行されました「第十四回自主憲法制定国民大会」は、終始熱気溢れる満席の盛況裡に、無事終了いたしました。

これも、心ある皆様方の御熱意と御芳情によるものと、執行部・事務局一同、心より厚く御礼申し上げます。

なお、気運上昇の折柄、この運動に一層の御理解・御尽力を賜りますよう御願い申し上げます。

昭和五十八年七月吉日

主催　自主憲法制定国民会議
会　長　岸　信　介
理事長　植　竹　春　彦
世話人、役員一同

主催　自主憲法期成議員同盟
会　長　岸　　信　介
常任理事、役員一同

編集後記

▼本年は、大会前に統一地方選挙、大会後には参議員選挙があり、自主憲法制定国民会議の皆さんも、選挙運動に追われて、大会へ毎年のように出席できるかどうか、ずいぶん心配いたしましたが、開会前に続々と詰めかけて下さり、二千名の座席もたちまち満席となり、かなり立見も出て、まことに涙のこぼれる思いでありました。

▼また、登壇者もそれぞれ熱弁をふるわれ、閉会を四十分近く延長いたしましたが、途中退席される方も少なく、最後まで熱心に聴いて下さり、今さらながら皆様の「憲法を改めて時代を刷新しよう」との決意と、気運の盛り上がりに、感激しました。

▼本文中、講師紹介の余地がとれませんでしたので、ここで勝田吉太郎先生の御紹介をさせていただきますと、先生は、愛知県ご出身で昭和三年生。昭和二十六年京都大学を卒業されて大学に残られ、助教授を経て同三十七年教授に就任されました。

御専攻は政治思想史、現代イデオロギー論。政治評論家としても活躍され、多くの著述を刊行されるほかサンケイ新聞「正論」の定期執筆、ラジオ日本の「論壇」を担当されるなど、まさに論壇に重きをなしておられます。当日の詳細記録はいずれパンフレットにする予定。（清原）

憲法　第十四回国民大会報告号
発行日　昭和五十八年七月三十日
編集発行人　事務局長　清　原　淳　平
発行所　**自主憲法制定国民会議**
〒106 港区六本木七—三—二
ラポール乃木坂一〇三
電話　五八一—一一九二番
振替　東京六—二二八七九
定　価　三百円（送料七十円）

▶明治神宮宮司高澤信一郎氏の発声で万歳三唱

▲新緑薫る明治神宮内苑を会館へ向かう岸会長

▲大衆に参加を呼びかける街頭宣伝車

▲若い女性も続々と入場

場を埋める若者の群像

▲つめかける青年たち

▲ママといっしょに，婦人層も

駒沢大学教授 竹花光範著

憲法改正の法理と手続

比較憲法学的考察を中心に

A五判 上製箱入 二八〇頁 送料共
定価三、〇〇〇円（特価二、七〇〇円）

本書は、これまでに、日本国憲法の改正に関する法理と手続について、これほどまとまった解説書がなかっただけに、貴重な労作といえ、その点で、法学者、立法者、行政者にとって、まさに必携の書

成文堂 発行

瀬戸山三男著

改憲論語

新・日本国憲法制定論

四六判 二五二頁 定価一、五〇〇円 日本工業新聞社刊

現憲法はどこに欠陥があるのか！現文相・前自民党憲法調査会長が書き下した憂国の新・憲法制定論

自主憲法期成議員同盟・自主憲法制定国民会議編・発行

現憲法のどこを、どう改めるか

●第一次憲法改正草案とその解説

新書判 七六頁 定価五三〇円

現憲法には、制定当初からの不備があり、また社会情勢の進展に伴ってその条文と現実とのギャップがますます広がってきています。改正点は無数にありますが、その中から弊害の著しいもの、学問的に妥当でないものを中心に、二十五項目の改正点を洗い出し、分かりやすい解説も付してあります。現憲法のどこにいかなる問題点があるかを知る必携の書

いずれも御注文は 自主憲法制定国民会議 振替東京６－22879

憲法

自主憲/第808号

■題字は岸信介元総理

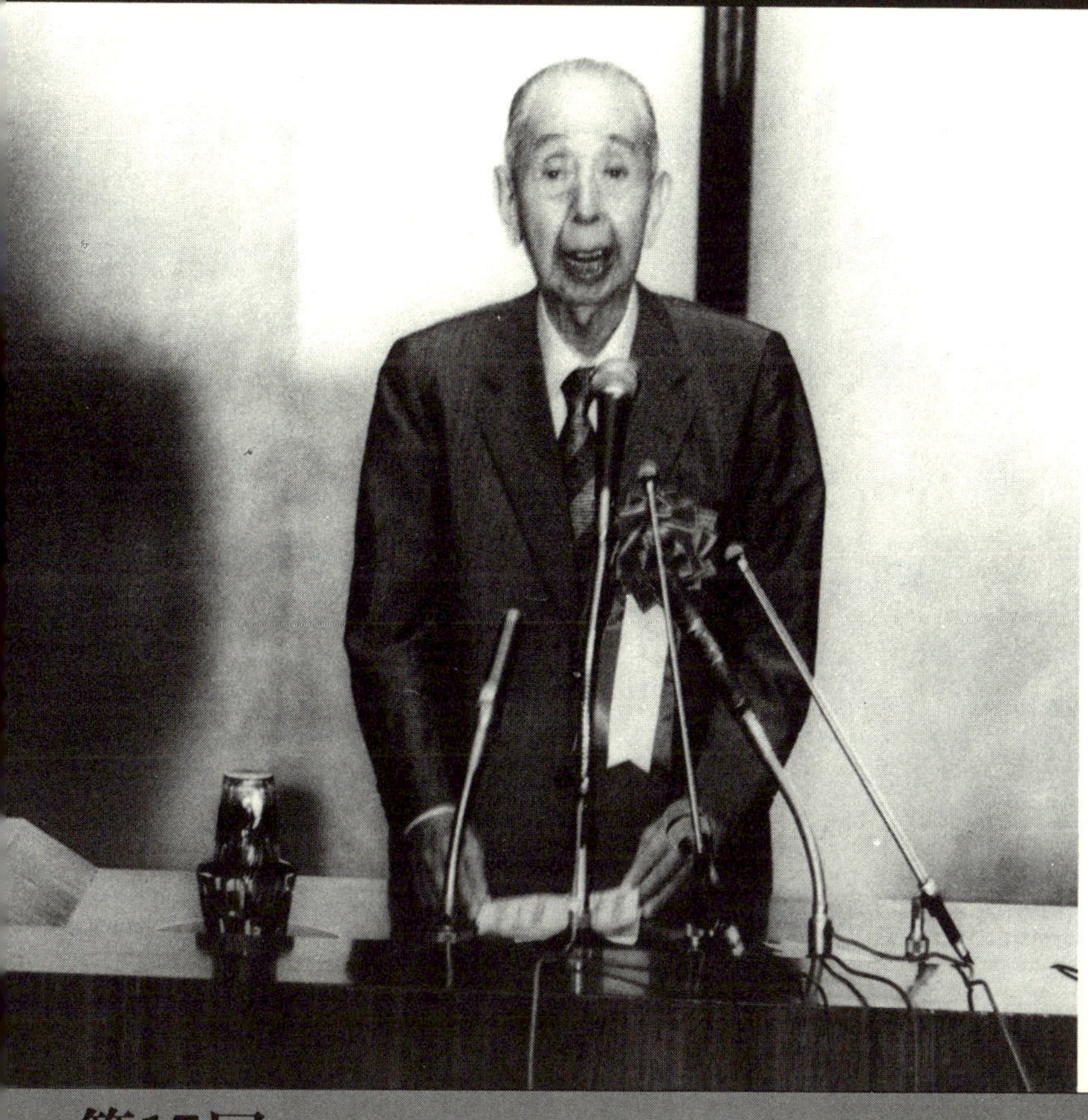

憲法を改めて時代を刷新しよう！

第17回
自主憲法制定国民大会報告号

自主憲法制定国民会議・自主憲法期成議員同盟

憲法　・第17回国民大会報告号　昭和61年６月30日発行　発行所・自主憲法制定国民会議・自主憲　第808号

▲自民党は立党の精神にもどれと説く岸会長。

▲壇上向かって右，シンポジウム諸講師と各界からの来賓。

▲熱弁をふるう岸　信介会長。

▲万歳三唱の音頭をとる八木理事長。

▲壇上向かって左，主催側役員。

大会プログラム／**目次**〈●白抜き数字は本文の頁を示す〉

一、開会の辞　自主憲法制定国民会議副会長　池田　清志……❶
二、国歌斉唱（一回、天皇陛下御在位六十年を奉祝して）
三、会長挨拶　自主憲法期成議員同盟　自主憲法制定国民会議　会　長　岸　信介……❷
四、自由民主党代表挨拶　自由民主党幹事長代理、元防衛、科技、行管、通産各国務大臣　宇野　宗佑……❻
五、来賓紹介、激励電報披露
六、**シンポジウム**「憲法を改めて、時代を刷新しよう！」……❾
政治評論家　細川隆一郎
京都大学教授　勝田吉太郎
弁護士、評論家　佐藤　欣子
女優　岸　ユキ
七、大会決議　大会実行委員　小泉　政幸……㉒
八、閉会の辞　大会運営委員　廣瀬　榮一……㉓
九、万歳三唱　自主憲法制定国民会議理事長　自主憲法期成議員同盟常任理事　八木　一郎……㉓

▼開会にさきだって国歌斉唱

●開会の辞

国民に理解を訴え改憲派議員を獲得しよう！

元衆議院議員
自主憲法制定国民会議副会長
池田清志

ご参会の皆様方のご協力により、自主憲法実現のこの国民大会を、かくも盛会裡に推進できますことは、誠におめでたい限りでございます。心から感謝を申し上げます。（拍手）

ご承知のように、現行憲法はマッカーサーが横文字の草案を押し付け、それを拒む実力のなかった日本政府が、ほとんど無修正のまま受諾をいたしたものです。したがって、この憲法はわが国の国体と伝統を無視しておる、日本国民の自由意志によるものではない、ということから、帝国議会の審議の途中におきましても反対論が出た。改正すべきであるという議論もありました。採決に際し、わざわざ反対投票をした政党の議員もあったではありませんか。（拍手）

かく考えますと、この日本国憲法は誕生の時から改められるべき宿命を背負っておるんです。その改正の機運は国民の間において、国会議員の間において、大いに高まって参りました。その機運をさらに伸ばし憲法を改正しなければなりません。いうまでもなく憲法に定められた、国会における衆参各議院総議員の三分の二以上の賛成で国会が発議し、国民の承認を得るという、改正の規定に従って実行すべきであります。国民の承認は得られると確信しておりますが、問題は国会の中の努力です。改憲を主張しているのは自由民主党だけで、その他はいずれも護憲政党です。その勢力はまさに伯仲で、これではいけません。国民の皆さんの清き一票によって、改憲を志向する議員を国会に出して、三分の二の勢力にして頂きたい。そうすれば、ただちに憲法改正は実現できるのでございます。（拍手）この事を、私はこの大会を通して国民の皆さんに是非お願いしたい。（拍手）あわせて、本日の意義のあるこの大会におきましても、有終の美を飾れますよう、ご協力をお願いして開会の辞といたします。（拍手）

●会長挨拶

自由民主党は立党の精神にもどれ！

自主憲法制定国民会議
自主憲法期成議員同盟　会長
岸　信　介

本日ここに第十七回自主憲法制定国民大会を開催いたしましたところ、かくも多数の方々にご参集を頂き、自主憲法制定に燃える皆様の真心に、深く感銘を覚える次第でございます。（拍手）

今年は天皇陛下ご在位六十年の奉祝の年にあたり、先日の政府主催の式典につづき、本日はまた、皆様と共に、天皇、皇后両陛下のご長寿とご健康を、心から寿ぐことができましたことは、われわれ国民にとって誠に喜びに堪えません。（拍手）

さて、わが国は経済大国として、世界に大きな影響を持つようになりました。われわれは与えられた自由と平和の下で、未だかつて経験したことのない豊かさと繁栄を謳歌いたしております。しかし、この繁栄が永久に持続できるという保障は、どこにもありません。それどころか、このままではわが国の繁栄も今が絶頂期であり、やがて衰退に向かうのではないかと危ぶまれておるのであります。国内的には校内暴力、いじめ等に代表される教育の荒廃や、異状事件の続発に見られる精神の退廃があり、国際的には著しい経済摩擦や予断を許さぬ軍事情勢等々、すみやかに、かつ着実に対処すべき難題が山積しております。そして、国家民族の現在及び将来を考え、事に当たろうとする時にしばしば障害になるのが現行憲法との関係であります。（拍手）

今や、制定以来約四十年もの間、そのままにしてきた現憲法を、国柄や時代の進運に即して見直し、もって時代を刷新し、民心を一新して国家民族に新しい活力を生み出すために、ぜひとも世直しをしなければなりません。（拍手）子供は大きくなれば、小さくなった着物は脱いで、体に合った着物を身につけます。日本は東洋のスイスたれと言われて、占領下にマッカーサー総司令官から与えられた十二歳の時の着物を、四十年もたった今、まだ着ていようというのですから、これでは体に合わないのも当然であります。（拍手）国民は常に日進月歩を求めておりますし、昔の百年が今の十年にもみたないと言われるほど、時代は刻々と進んでおります。それに対して、法律というものは作られた時点で静止しておるのですから、年月の経過と共に、時代と法との間にギャップが生ずるのは、必然的に避けられないことと申さねばなりません。そこで時代に合わせ、法を改正することが必要になってくるのであります。ことに憲法は国の基本法であり、また現憲法は国際法に反して占領下に作られたという点で、その制定手続きに問題があるばかりか、前にふれましたように、四十年間も改正しなかったのですから、時代に合わないところが沢山でてきております。現実と法とのギャップを知りながら、護憲護憲と唱えている共産党や社会党は、もし彼等が多数を制すれば、現憲法を自分たちに都合のよいよう、ただちに変えるこ

とは明らかであります。これほどの欺瞞がありましょうか。（拍手）

皆さん、われわれの主張と比べて、どちらが正しく、どちらが国民のためになるか、よく真実を見極めて頂きたいと思います。

それから、自由民主党の諸君にも、ひとこと苦言を呈しておきます。

自民党の議員の中には、自主憲法制定が自由民主党の立党の精神であり、党是である。したがって自民党は改憲政党であるということを忘れている人がいるということであります。企業や団体に設立の目的があるように、党にも立党の精神があります。若い議員諸君も、党の成り立ちや憲法のことを、もう一度真剣に勉強してもらいたいのであります。（拍手）

また、中には自主憲法の制定が必要であり、立党の精神であることを承知していても、憲法第九十六条が、憲法改正には衆参各院議員の三分の二以上の賛成の下に、国会がこれを発議する旨、定めていることから、現在の与党の議員の数では不可能であるとして熱意を示さぬ人があります。全議員が改憲の必要なことを日常活動として、平素から選挙民に訴えつづけるならば、やがて国民多数の理解と協力が得られることは間違いありません。（拍手）

憲法改正の話をすると票が減る、という人もありますが、改憲に関する日常活動をおろそかにしておいて、急に一度や二度言っては、かえって野党に乗ぜられることとなるのであります。憲法改正一筋で堂々と当選している議員のあることを、ぜひ注目して頂きたいのであります。（拍手）

政治家は単に目先の問題にとらわれることなく、常に国家的、国際的視野に立ち、現実を踏まえ、高い理想を持って政治を行うことが必要であり、そこに政治家としての意義があるのであります。

皆さん、いかなる選挙の時においても、われわれの宿願とする憲法改正を支持し、推進する候補者に投票して、一人でも多く改憲議員を当選させ、議会に送って頂きたいと思います。（拍手）

この大会も、今回で十七回になりますが、いったいあと何回やらなければいけないのでしょうか。私の目の黒いうちに、自主憲法の制定は実現できないものでしょうか。国家・民族あっての憲法であり、憲法のために国家や民族があるのではありません。（拍手）改憲がさきか、国家の滅亡がさきか、国民はいずれを選ぼうとするのでしょうか。われわれは立派な歴史・伝統・文化を祖先から受け継いで来ました。〝和〟を尊び、美しい、しかも強靱な日本精神も、あわせて祖先から受け継いで来たのであります。

われわれは世界から孤立しては、片時も生きて行けません。国際協調を旨としながらも、厳然と国際社会に伍して行くことが肝要であります。

皆さん、今後いっそう、強固なる意志と団結をもって、われわれの目指す自主憲法を一日も早く実現し、戦後の総決算を行い、わが国家・民族のために、ひいては人類の幸福のために、ますます努力しようではありませんか。（拍手）

●自由民主党代表挨拶

平和主義、民主主義を守りつつ憲法改正を！

自由民主党幹事長代理、元防衛、科技、行管、通産各国務大臣
宇野宗佑

謹んで第十七回の大会をお喜び申し上げ、また、参会者の皆様方の憲法改正に対するご熱意とご努力に対しまして、党を代表し、謝意と敬意を表するものでございます。（拍手）

昨年の自民党三十周年記念式典の時に、わが党は新しい綱領を採用いたしました。その中にも自主憲法制定は高々と謳いあげられておりましたし、ひきつづいて今年の一月の党大会におきましても、宣言ならびに運動方針にそのことを盛りこんでおります。しかし、岸先生がただ今ご指摘になられた衆参各三分の二という議席を得るために、さらに私たちは努力をいたさなければなりません。何卒、皆様方の一層のご鞭撻のほどを、心よりお願い申し上げるものでございます。

さて、わが党は憲法調査会を作りまして、あらゆる角度からこの問題を検討して参りましたが、今日ただ今の憲法における民主主義、平和主義を守り、基本的人権を尊重するということについては、全く異論のないところでございます。また、憲法を改正して、陛下のお力を明治憲法の昔に戻すとか、あるいは家族制度を崩壊させるとか、あるいは徴兵制度を布くとか、そういうことは一切考えておりません。ところが、そうした事について意見を発表しましても、国民の耳にはなかなか入らないわけであります。したがって、改憲といえば、何か悪いことでもあるような、誤った思想が根強くはびこっていることに対して、われわれはさらに一層、その蒙を啓くよう努力しなければならないと思っております。（拍手）

本日はこの『帝国憲法改正案議事録』という本を持って参りました。これには憲法制定当時における、枢密院のことがくわしく書かれております。先年アメリカは、占領当時の文書を公開いたしました。その中には、憲法改正問題に関する経緯がふくまれていたことは申すまでもありません。そして、

当日の衆議院における審議の模様は詳細に発表されたのでありますが、枢密院に関してはまだ非公開のままだったのであります。そこで、自民党として、枢密院における審議についてまとめたのがこの本でございまして、マッカーサー司令部から押し付けてきた憲法につき、一体どのような審議が行われたかが、詳細に記録されているのですから、まことに貴重な資料であると申せましょう。

ご承知の通り、この枢密院におきましては、文字通りケンケンガクガクの議論がなされました。天皇制はどうなるのだろう、象徴という言葉は、それでいいのだろうか、また、二院制についても、一院制についても、さまざまな角度からの議論が交わされております。いま思い返してみましても、当時は本当に大変だったのだなあと、先輩のご苦労がしみじみ偲ばれるわけでございます。枢密院の方々の思い出によりますと、憲法についてもっといろいろ議論をしたかったが、東京は焼野原でこれという資料が手に入らず、残念だったということが書かれております。あるいは、帝国議会における審議の最中には、当時の社会党のある議員が、「憲法は源氏物語の法律版なり。泣くがごとく、咽ぶがごとく、嫋嫋《じょうじょう》たる表現によって満たされておる。実にけしからん」と、こういうような極端な形容さえなされているのでございます。

すでにご承知のように、マッカーサー司令部において作られました憲法草案は、ホイットニー准将を中心とする僅かなスタッフによって、たった一週間であわただしく作られたものであります。この一週間で作られた憲法を戦後四十年間にわたって、私達は遵守をして参りましたけれど、そうしたことを考えますと、やはりいくつかの問題に関しましては、いさぎよく改正をしなければならない。われわれ自由民主党は、それを党是といたしているわけであります。(拍手)

先般の予算委員会におきましては、共産党のある議員が、天皇陛下ご在位六十年記念祝典に関し、それを内閣がとり行うことについての疑義を質問いたしました。共産党からすれば天皇制反対、天皇制打倒であります。総理大臣はそれに対しまして、立憲君主であられた当時の天皇陛下のお考え、また、今日の陛下のお考えを諄々として説き来り、説き去り、議場を圧倒されました。私達は素晴らしい総理のお言葉を、重大問題が山積している国会における、まさに白眉の答弁であると感じながら傾聴いたしておりましたが、そういう意味合いにおきましても、憲法問題に関しましては、常に議論をつくしていかなければならないと、あらためて痛感している次第であります。今や戦後四十年、私達は世界百六十九カ国の中の、第二番目の国となりました。四十年前には、私達はアメリカのGNPの僅か二十分の一であったことはご存知の通りです。二十年たった時、東京においてオリンピック大会が開かれました。九十八カ国の青年諸君が、天皇陛下の前で行進をしてくれました。その時に私達のGNPは、アメリカの十分の一に迫っておりました。そして昨年、四十年たった時の私達のGNPは、アメリカの二分の一になったのでございます。いうまでもなく、GNPは国民の人口も大きな要件をなしておりますから、それから考えますと、日本は一億、アメリカの人口は二億、すでに私達の国民所得はアメリカの八割、九割に迫ったわけであります。(拍手)

よくぞここまで成長したものであると、お互いに肩を叩き合いながら努力をほめたたえなければなりませんが、その反面において、今日の風潮は精神より物を重んずる、公(おおやけ)より私を重んずる、といった風潮が国家の一部にあることは、はなはだ憂慮にたえないところであります。そうした面からも私達は憲法をもう一度見直し、その改正について説き起こさなければなりません。(拍手)

私は、岸先生がおおせられました通り、政治家として事あるたびに憲法問題を取り上げ、国民の皆様方にお訴え申し上げております。たとえば憲法二十九条には「財産権は、これを侵してはならない」と書いてある。これによって、わが国は私有財産の国家であって、社会主義の国家ではない。このことを、われわれは明確にしておかなければなりません。その第二項を見ますと、「財産権の内容は、公共の福祉に適合するやうに、法律でこれを定める」と書いてある。つまり、公共の福祉の方が、われわれの私権よりも、いささか優先しておるわけであります。しかしながら、公共の福祉とは何でありましょう。われわれ自由民主党が政権を担当している以上、公共の福祉とは、幼稚園を作ること、小学校を作ること、村の道を作ること、高速道路を作ること、そのような公共事業であるということで説明し得るかも知れませんが、ある日突如として、何んらかの政党がこの憲法の下において政権を握った時に、あなたの田や畑を国が所有することが公共の福祉であると言われたならば、一体全体どうするのであろうか。公共の福祉という大切な事柄ひとつにしても、その内容に関しては国会において統一見解がまとめられておりません。したがって、時と場合には基本的人権の尊重といいながらも、ある場合は公共の福祉によって、その基本的人権が侵されるケースもなきにしもあらずでございます。(拍手)

私達はこういう身近な問題からも、今日の憲法に関しまして、もっともっと議論を進め、やはり自分の体に合わないところは改正すべきであろうと考えておるのであります。(拍手)また、憲法改正の目指すところは、世界第二番目の国民として、今後いかに人類の福祉、世界の平和に貢献するか、ということであります。(拍手)そうしたことを、強く主張しながら、今後も一層の努力をつづけて行きたいと存ずる次第でございます。(拍手)

今後ますます自由民主党にご声援あらんことを、衷心よりお願いを申し上げまして、本日のお祝いの言葉に代えさせて頂きます。ありがとうございました。(拍手)

●シンポジウム

「憲法を改めて、時代を刷新しよう！」

■講師（発言順）

細川隆一郎（政治評論家）

元毎日新聞編集局長、評論家として執筆、テレビ・ラジオで大活躍中。

勝田吉太郎（京都大学教授）

政治・思想評論家としても活躍され、著述、論壇で重きをなしている。

佐藤欣子（弁護士、評論家）

法律問題ばかりでなく、家庭・教育・女性・消費者問題などで活躍中。

岸　ユキ（女優）

西野バレエ団に属し、絵をよくし、歌手・テレビタレントとして活躍。

司会

竹花　光範（駒沢大学教授）

竹花（司会） 初めに四名の講師の先生方に、それぞれ十分から十五分程度のお話を頂きまして、それから共通の論点を引き出して議論を進めて参りたいと存じます。

それにつけまして、司会者として先生方にお願いをしておきたいことがございます。もし出来ますならば、お話の中で次の二点にふれて頂けると有難いなと思っております。まず第一点は、われわれは憲法を改めて時代を刷新しよう、というスローガンの下に運動を進めているわけですが、現実を見てみますと憲法の改正がなかなか困難である。なぜ、そういうことになっているのかという点についてでございます。

ちなみに申し上げますと、自主憲法期成議員同盟ならびに国民会議では、パンフレット等で随分PRをしているのですけれども、多くの国民の方に、思うようには理解して頂けない点がある。それはどういうことかと申しますと、諸外国では非常に頻繁に憲法の改正をやっているわけですね。たとえば同じ敗戦国である西ドイツの場合は、一九四九年に今のボン基本法と称する憲法を作りまして、それから今日に至るまでの間に、実に三十四回という部分改正をやっている。ほとんど年一回というようなペースです。イタリーの場合をみましても、一九四七年に今の憲法が出来て以来、今日までに五回で、こちらは十年に一回ぐらいの改正ペースです。ですから多い国家は年一回、少ない国家でも十年に一回ぐらいのペースで憲法を改めていかないと、時代の進展に憲法がついていけないということだろうと思うんです。ところが、なぜかわが国の場合は、戦後四十年たつというのに一回も改正されていないし、改正のムードも一向に盛り上がってこない。その辺について、お考えになっていることがあれば、ぜひお聞かせを頂きたいということです。

もう一点は、本日お手もとに差し上げた、『今の憲法は、なぜ改正されなければならないのでしょう』という、最近発行されたパンフレットについて、お感じになられていることを、この機会にお話し頂けたらと存じます。まず最初に岸ユキさんにお願いいたしましょう。（拍手）

岸 私は憲法のむつかしいことはよくわかりませんが、今の世の中、ちょっとおかしいなということは日頃感じているわけで、そのあたりのこととか、父からいろいろ学んだことなどを、お話しさせて頂きたいと思っております。

父はもうそろそろ八十歳になる絵描きでございますが、六人兄姉の末子に生まれた私にとって、母が早く他界したということもありまして、その父から受けた影響というのが非常に大きかった。小さい頃はアトリエにモデルさんが来まして、

父と一緒にデッサンをするんですが、父は私の絵を見て、いつも「おもろい絵やなあ」と言ってくれるのです。関西弁の「おもろい」という言葉には、非常に芸術的でいい絵だなあという意味もあるし、下手やなあという意味もあったと思うんですが、とても余韻のある言葉で、大らかな父の目が私をつつんでくれていたおかげで、私は絵の好きな女の子に育ったのだと思うのです。そんな中で、父がいつも申したことは、自由というのは、最高の不自由の中から生まれるんだよ、ということでございました。たとえば絵で申しますと、ただ自由気ままにグチャグチャの絵をパーッと描いて、これが私の芸術だといっても駄目なんです。素晴らしい芸術品を生み出すためには、基本を踏んで、デッサンを勉強し、血の出るような訓練を積まなければならない。つまり、最高の不自由をつき抜けて、初めて自由なタッチが得られ、それが芸術性につながるんだということですね。そういうことは、人間の生活全般についても言える真理なのではないでしょうか。

とにかく自分だけの自由は、わがままの他の何ものでもございません。責任ある自由から、本当の自由が生まれてくるので、それを人間としてのルールに置きかえますと、まず他人を尊重するというところから、すべては始まると思うんです。親は子を、子は親を思うのはもとよりですが、隣人を愛し、理解し合い、尊敬し合う。それが国民が国を愛し、祖国を誇りに思うところまで、おのずと通じてくるんじゃないでしょうか。（拍手）

些細なことかも知れませんが、一人一人が良い習慣を身につけるということが、どんなに大切かということを、近ごろしみじみ感じております。人に会ったら挨拶をする。何かしてもらったら感謝の心を持って「ありがとう」と言う。そういう些細なことの積み重ねが大切のような気がいたします。

私の身近なことではテレビの番組作りがございますが、たとえば取材でお世話になった方に対して、テレビに出してあげているんだという気持ちでは絶対に駄目です。やはりご協力頂いて、本当にありがとうございましたと、感謝の気持で臨むことが大切だと思うんですね。（拍手）

昨今は教育の面でも、子供は勝手な行動をする、先生は責任逃ればかり。親は子供の不始末を他人のせいにするという、そういうことは本当に悲しいことだと、いつも感じているんです。権利ばかり主張して、つくすべき義務を忘れているから、世の中が乱れてくると思うんです。（拍手）

竹花（司会）おっしゃるように、本当の自由を見失っているところにも、権利ばかりを主張する憲法の大きな問題点の一つがあるのではないかと思います。さきほど宇野先生が公共の福祉という制約があるんだと申されましたが、公共の福祉というのは非常に幅の広い概念でありまして、これをあまり広く解釈しますと、あらゆる自由が圧殺されてしまうことにもなりかねませんし、今日のように、これを非常に狭く考えてしまいますと、自由が乱用されるということにもなってくると思います。ありがとうございました。（拍手）

では、次は細川隆一郎先生にお願いいたしましょう。

細川　初めに申し上げておきますが、私は放談しか出来ないんです。（笑い）お集まりの方は、憲法の内容について、どこが悪くてどこがいいか、全部ご存知だと思います。ですから内容にはふれません。私は昭和十七年に新聞記者になって、戦争に三年行って二十年八月に政治部記者に復職しましたから、憲法成立の過程はよく分かっています。それをいちいち説明すると時間がかかります。これは、全部書き直さなきゃ、駄目なんです。（拍手）よく知りませんが、昔ハーグというところで平和会議があり、占領軍は敗けた国の憲法を改正してはいけないという、いわゆる陸戦法規が結ばれたはずです。ですから、ドイツは占領されても憲法を押し付けられることは拒否した。占領軍が置いていったのはボン基本法というやつです。それをもとに自分で憲法を作りました。日本の場合は占領軍も国際条約に違反したが、日本人は政治家が阿呆だったから、ドイツのようにうまくはいかなかったわけです。いまさら繰り言をならべても仕様がないんで、内容についてはもう全部やり直したいのだが、それが出来ない。どうして改憲できないか？　簡単なことです。改憲しようとしないから出来ないんです。（笑い・拍手）それは、こういうことなんですね。戦後、十何人の総理大臣が輩出しましたが、憲法改正を考えていたのは、吉田さんと、ここにいらっしゃる岸先生と、このお二人だけじゃないんですか？（拍手）

中曽根さんは口で言っているだけでやらないんです。（拍手）私は、自民党はもうつぶれて、自民党じゃなくなっていると思っています。何故か。理由は簡単なんです。昭和三十年に保守合同が出来ました。これは岸先生が民主党の幹事長の時だったかと思いますが、大変なエネルギーでいろいろな障害を排除して、保守合同を実現させた。その目的の一つに、憲法改正がありました。立党当時に制定された党の政綱を見ると、現行憲法の自主的改正を図り、また、占領諸法制を再検討し、国情に即して改廃を行うとある。そのために自由民主党が生まれたのです。ところが、三十年たった今日、去年の党大会の決定を見ると、あるように書いてはあるが、政綱からははずれて、党の基本姿勢に移ってしまった。その基本姿勢は八項目から出来ているんで、私は八軒長屋と呼ぶんです。その七軒目にこう書いてある。わが党は自主憲法の制定、すなわち憲法の自主的改正を立党以来の党是としている。今後とも平和主義、民主主義、基本的人権尊重の原則を堅持し

つつ、時代の変遷に即して現行憲法の改正につき検討を進める、というわけです。だから、検討はするんです。検討はするんですが、改正はするかどうか分からない。検討の結果、改正は現状からは出来ないからやめようとか、いうことだってあるでしょう。これで立党の精神はなくなってしまった。自民党は護憲政党になったと言われても仕方がない。これでは改正は出来ません。（拍手）

ところがですね、今日渡された資料の中に、自主憲法期成議員同盟に加盟している現職議員は二百五十六名、これだけの人数がいて出来ないのは、やろうとしないからです。自民党は総裁選挙の時には、百万とかいう党員を集めるんですから、あの連中が大合唱をやればいいんです。ところが、あれは総裁になるために集めているんで、憲法改正をやるために集めているわけじゃない。だから総裁の選び方をまず変えて、そしていろいろ改革をしていかないと、憲法改正はとても出来ない。私の見るところ、ただ名前を連ねているだけで、本当にやろうとなさったのは岸先生だけです。（拍手）ところが、あの時は安保改訂だけで終わってしまった。

じゃ、一体どうしたらいいか。岸信介先生が総裁になって頂く以外にはない。（拍手）ニューリーダーの人達も、憲法を改正しなければならないことは分かっています。ただ、やるか、やらんかそれだけなんです。自民党としては、さきほど宇野さんが決意表明をされた。その決意表明は、ぜひ行動に移してもらいたい。ところが、いつでも行動にはならないんです。こんなことでは、憲法改正はなかなかできません。

もう一つはマスコミです。今日の社説なんですが、朝日新聞というのは何を書いているのかなあ、これは。（拍手）女性と長寿と憲法。バカじゃないか。（拍手）朝日新聞は親ソ反米ですからね。ゴルバチョフが一番好きな新聞です。（拍手）ただし、朝日新聞のいい面もありますよ。運動欄とテレビ、ラジオ欄。（笑い・拍手）つぎは私の出た毎日新聞。これは私が昭和四十八年に辞めた時から悪くなった。（笑い）その毎日新聞も今日はバカなことを書いています。国家機密法の国会提出とか、閣僚の靖国神社への公式参拝とか、憲法の規定や精神から見て、とうてい肯定出来ないことが起きている、などとね。では訊くけれど、国家機密を作っちゃいけないんですか。毎日新聞の編集局に入る時には、とてもうるさい。編集局には秘密があるんです。国には秘密がないのかと訊きたい。（拍手）靖国神社に公式参拝はいけないと言う。吉田総理は公式参拝をされたそうですね、堂々と。（拍手）中曽根さんも、もう少ししっかりしてもらいたい。いいことは言っても、挙動不審じゃ駄目ですよ。それから東京新聞。三十九歳の憲法記念日、平和憲法理念の実現には、まだ迷いが多いときた。平和憲法なんていう言葉はないでしょう。憲法をしっかりして、国防をしっかりするから、国家が平和なんである。（拍手）だから、朝日、毎日、東京新聞は何を考えているのか分からん。こういうのが売れているから、国民の意識が憲法改正論に行かないんです。では、どこがいいかといえば、さしあたり読売からいきましょう。これは身近な憲法問題を見つめようということで、議員定数の問題とか、教科書、政教分離、自衛隊などと憲法問題のからみを考えようというのですから、朝日新聞などよりはいい。（拍手）サンケイは、若者達の憲法論議を望むと書いてある。そして、論文を募集したら第一位は二十一歳の大学生、佳作も同じ歳の大学生だった。若者も憲法についてはいろいろ考えておる。論議を望むということは、今の憲法がよくないから論議しようというわけですから、サンケイもよろしい。（拍手）もう一つ、世界日報。世界日報は「憲法の書き直しを」という論点で書いています。投書欄にも同じ趣旨のが載っています。だから、いいのは世界日報、サンケイ、読売。（拍手）

竹花（司会）今のご発言については、私がまとめる必要もないと思いますが、自民党にとにかくやる気がないのが、憲法改正のできない第一の原因。二番目はマスコミが悪い、ということですね。しかし、そういうことを許しているのが、実はわれわれなんでしょうから、われわれが自覚して、そういうことを許さないようにしなければと思います。

それから冒頭に言われたことですが、日本国憲法の成立はハーグの陸戦法規に違反しているんじゃないかという疑いが多分にあります。ハーグの陸戦法規には、占領者は占領地の法制を尊重しなければならない。特別の事由がなければ、改めてはいかんという趣旨の規定があるんです。これは国際法違反ということですね。ドイツの憲法についてもふれられましたけれど、ドイツの現行憲法は正式な名称がドイツ連邦共和国基本法で、憲法という名称ではない。日本は負けっぷりがいいと申しますか、言われる通り憲法という名称のものを作ってしまいましたが、ドイツはそれを拒否して基本法を作った。通称ボン基本法です。一九五四年にドイツ条約で独立を回復した後はしばしば改正して、三十四回も改めています。初めはボン基本法に国防に関する規定はなかったのが、五十四年と五十六年でしたか、二度の大改正で国防軍創設の規定を挿入しました。そんな風にして、改正を何度かやるうちに立派に連邦共和国の憲法と言えるような内容になってきたんです。ところが、日本国憲法は占領軍にもらったままで、独立回復後も全く改めていない。だから、憲法という名称だけれども、内容は占領基本法じゃないかと、私は考えています。（拍手）つまり、占領軍がわが国を占領統治するための基本法なんだと。それを押し付けられ放しにしているのが、残

念ながらわが国なんだと。そんな気がするんです。（拍手）

次は佐藤欣子先生にお願いしましょう。（拍手）

佐藤　私が、このシンポジウムに参加させて頂きます時に、あなたは改憲論者ですかといわれました。そこで、私は改憲論者というよりは、むしろ新憲法制定論者だと申し上げたわけでございます。（拍手）と、申しますのは、今の憲法が私生児であるとか、生まれるべきではなかったとか言われていることについて、いくらか可哀想なところがある。なんといっても、それなりに四十年間生きてきて、いいこともしたんだというのが、一般国民の気持ちではないかと思うわけでございます。

たしかに明治以来百年にわたる日本の近代というのは、本当に激動の時代でございました。その時代の中を、日本人はさまざまな困難と戦いながら生きてきたのでございます。そして、敗戦というのは筆舌につくしがたい不幸な事態でした。

私も天皇陛下ご在位六十年の式典に参列させていただき、昭和の六十年間を四十五分に圧縮したような、簡素でしかも感動的な式典に涙がこぼれました。そこに、私たち日本民族の歴史があるからで、私たちは歴史を軽々しく否定してはいけないと思います。日本の近代というものは、いろいろな、あり余るものの中からやってきたわけではない。それどころか、世界史の上では非常に遅れて登場した、貧しい後進国が日本でございました。島国のために、世界の状況も何も分からないような国が、どうにか頑張って、世界でも冠たる高度成長を遂げ、名誉ある地位を自らの手でかちとってきた。そういう日本人の歴史でございます。（拍手）

式典の際の陛下のお言葉の中に、「自分が在位六十年を考えると、今なお胸を苦しめるものは戦争である」という意味のことがございましたが、私は本当にそうだと思います。それは、日本人すべてに分け与えられた経験でございます。私の母親も、戦後食べる物もない時代に結核でなくなりました。戦後の混乱、窮乏の時代を考えますと、日本人に暗い影を投げかけた敗戦の中から、占領軍によって作られ、それを翻訳して公布された憲法というものにも苦い思いを持つわけでございますが、しかし、現在のような、豊かで民主的な日本を作りあげた憲法のメリットを性急に否定するものではない。否定はいたしませんけれど、戦後四十年の現在になってみますと、これまでの憲法は正に改正されねばならないということを、二つの点からつくづく考えるわけでございます。

その第一点は、日本の憲法改正は国内的にも国際的にも要請されているということで、それをかいつまんで申し上げますと、アメリカに次ぐGNPを持った経済大国になった今は、それにつれて日本の国際的な責任が大きくなったということです。ところが現在の憲法では、その要請にふさわしくありません。また、国際情勢の変化も考える必要がある。現行憲法のままでもいいじゃないかとおっしゃる方は、今までの日本の平和、安全が、何によって保たれてきたかということについて、本当に厳粛な認識を持たれていないと思います。日本の平和は、日本人が守ってきたのではなく、アメリカによって守られてきたのです。その意味では、日本という国は正に半国家でございました。ですから、現在の憲法の下では、外国から侵略を受けた場合、緊急事態に対処するための規定がありません。半国家であることを、それが最もよく象徴しているわけでございます。日本の平和と安全を守ってくれたのは憲法第九条だなどというのは、とんでもない幻想です。日本を侵略しようとする国が、日本の憲法を守ってくれるはずがないじゃありませんか。(拍手)東と西の対立、あるいは南北の対立というものは断固として存在しているわけでございます。私どもが日本の憲法を認めた時は敗戦の渦中でしたから、日本が悪いことをしたからこういう目にあったので、外国は平和と公正を愛する立派な国だと錯覚したわけでございます。つまり、日本は侵略されることはない、いつでも平和なんだと思っていたのですけれども、現在のように、日本海にソ連の潜水艦が出没するということになれば、さすがの日本人もこれは大変だと思う。しかも米ソの軍事バランスは大きく崩れ、核でも通常兵器でもソ連の方が優勢になってしまっているのですから。そこで、今では日本人の七、八十パーセントが、日本は侵略されるかも知れないと考えるようになりました。では、侵略されたらどうするか? ここが現憲法の問題点ですけれど、日本人の四割は逃げるという。逃げると言ったって海しかありませんから、ボートが嵐でひっくり返ってしまうのがオチでございます。次に、一切抵抗しないというのが十五パーセント。要するに過半数の日本人は逃げ出すか、抵抗しないかのどっちかである。武力に頼らずに抵抗するとか、精神的に屈服しないとかいうのは二十パーセントです。これが日本人の意識構造ですから、小学校の卒業式に日の丸の旗を掲げるのは反対だ、君が代も歌わせないという日本人があとをたたない。こんな国が、いったい世界のどこにあるでしょう。(拍手)こんなバカなことを許していていいんだろうか? これが第一の問題です。(拍手)

日本人が戦争放棄を誓うのは結構ですけれども、よその国も同じだと思っていたら間違いです。よその国は戦うことを誓っているのです。で、私は〝いじめっ子問題〟〝学校暴力問題〟を見るたびに思うんですが、いじめや暴力がいけないなら、どうしたらそれを防ぐことができるか。暴力に対しては断固として戦うよりほか仕方がないということを、だれも教えたがらない。学校の先生は暴力をふるう子を断固制裁して、暴力をつかえば見せしめを受けるということを教えてもらいたい。また、まわりの子供たちが、暴力に対して手をつかねていてはいけないんだということを教えてほしいわけでございます。それは現在の国際テロなどに対しても同じことで、ハイジャックで脅迫されれば、せっかく逮捕した犯人に身代金を渡して釈放するというていたらくです。それが世界中から非難されていることを、日本人は知りません。（拍手）命あってのモノダネだ。一人の命は地球より重いと申します。しかし、実は一人の命も全体の利益のために犠牲にされるという場合があるのだということを認識しないといけない。（拍手）自由を守るというのは大変なことなので、そのために犠牲を払うのもやむを得ないということを、肝に銘じる必要がある。ところが、今の憲法からは、そういうことが全然でてこないわけでございます。（拍手）

では、第二点の国内的に見ればどうなるか。ご承知のように、日本の財政は大変な状況になっているのでございまして、これは戦後四十年間のみじめな失敗であった。歳入は四十二兆円位なのに、歳出は五十四兆円もある。その内で、国債償還と利払いに十一兆円いる。そのうえまた国債を発行する。全くの借金財政です。これを次代の国民のツケにすればいいと考えるのは、本当に問題ではないだろうか。そこで、国民が新しい政治のあり方、新しい日本の国家像について、さまざまの視点から議論をして、こうあるべきではないかということについて、憲法改正の素案をどんどん出せばいいと、私は思うわけでございます。このように国民の意識を変えるためには、むろん政治的なリーダーシップも、マスコミの力も必要でございましょう。こうして、初めて憲法改正ができるのではないでしょうか。（拍手）

竹花（司会）ありがとうございました。国際的にも、また国内的にも、わが国の憲法改正が求められているので、今日のわが国の置かれている状況に、現行憲法はマッチしていないのではないか、そういうお話だったかと思います。

ご指摘の通り、現行憲法も歴史的な使命は果たしてきたわけで、この憲法の下で、わが国がここまで発展したことも事実だろうと思います。ですから、頭からすべてを否定してしまうと、多くの国民が拒否反応を示すことも考えられます。そうではなく、このままで繁栄しつづけられると思ったら間違いで、こういう点が悪いから、そこを変えていきましょうという、そういう改憲論もこれからは必要なんだなあと感じました。では、最後に勝田先生にお願いいたしましょう。

勝田　まず、お手もとに渡っているはずのパンフレット、※『今の憲法は、なぜ改正されなければならないのでしょう』は非常によくできております。ここにはもっとも重要と思われる問題点がつくされていますから、どうかお読み下さいますように。さて、今の憲法が公布されました直後、アメリカの有名なジャーナリスト、マーク・ゲインが、「日本の憲法

※裏表紙の広告参照。

は高校生が読んでも、すぐ外国製と分かるのに、国産品だ、日本製であるといって提供されている。明らかに偽瞞にみちている。そんな憲法が永続きするはずがない」と書いております。ところが、その憲法が四十年間も続いてしまったために、憲法によって拘束された国民心理の中で、いわゆる日本の常識は世界の非常識というような状況が、いろいろな所で生まれております。たとえば、GNP一パーセント問題なども、それを見直そうとすると、自民党の元総理のかたが故障を言いたてたりなさる。自衛隊は弱ければ弱いほどいい、という議論はおかしい。あるいは、一パーセントだけは国が面倒をみるけれども、あとは皆さんめいめいでやって下さいというんでしょうかね。実に非常識です。靖国神社問題にしても、公式参拝すれば軍国主義になるというのだったら、関東大震災の犠牲者慰霊祭に都知事が毎年お詣りしているはずですから、これまた大震災がやってくるからやめてくれと騒がなきゃならんはずです。非核三原則にしてもそうで、とにかく一事が万事、非常識であり、そのよって来たるところは、今の憲法によって生みだされた心理的ひずみだと、私はそのように思っております。（拍手）

さて、では今日の憲法の基本的な性格は何かというと、これは戦勝国に対する日本の詫び証文だということですね。要するに、竹花先生が指摘される通りの占領基本法なんです。これはハッキリ認めないといけない。言葉を変えていえば、東京裁判の法律的表現と申しても過言ではありません。東京裁判では日本は侵略を共同謀議した犯罪国家であるとされ、日本民族はドイツ人と同様に好戦的民族である、つまり悪玉であるから、二度と戦力をもたせてはいけないというので、戦力は保持しないと第九条で誓約させられたわけです。さらに戦争に勝った連合国側はすべて善玉ですから、悪玉である日本は連合国の公正と信義に依頼して生存と安全を確保すべきである、というように憲法前文で謳われました。つまり、要するに日本悪玉論を下敷きにした、連合国に対する詫び証文であるということは否定できないと思います。そこから、教育の問題を考えてみましても、歴史の教科書を一ぺつすれば分かるように、日本の歴史を暗く暗く、悪く悪く描くということになります。社会科の教科書でも同じです。こういう教科書を読んで、いったい自分の国を愛するという気持ちが起きるものでしょうか？ 第一、愛国心は悪徳のように見做されているんですね。佐藤先生がおっしゃった教育の場における〝いじめ〟や〝校内暴力〟も、実は憲法第九条の問題と深いところでかかわっていると思います。力は悪であり、すべては平和教育による話し合いであるという立場ですから、どんな暴力がまかり通っても、結局は見て見ないふりをするというのが、今日の教育の現状ではないでしょうか。憲法というのは、民法、商法などの他の法律とは違い、いわば国民の教科書なんです。そして非常に政治的な空気が漂っていますから、こういう憲法の下に四十年間もやってくれれば、教育をはじめ、いろいろな分野に悪影響が出てきても不思議ではないと、私は考えております。(拍手)

次に申し上げたいのは、マーク・ゲインが言った通り、今の憲法は全く偽瞞にみちているということです。私はかつて憲法制定過程に関しての、帝国議会の膨大な議事録を勉強した時に、さまざまなことを考えさせられました。たとえば、議員の辛らつな質問に対して、吉田総理は「占領軍がわが国に対し、憲法を作れといって圧力をかけてきたことは一切ございません」というような答弁をしているんですね。それは明らかにウソです。偽瞞です。そして、そういう質問をした議員のほうも、ウソの答弁と知りながら表向きは了承したという格好で議事を進めざるを得なかった、というところに、どうしようもない、悲劇的な今日の憲法出生の秘密が透けて見えるわけです。吉田総理はやむを得ずウソをついたのですが、共産党は野坂参三議員を代表に出して初めから徹底的に批判した。天皇制を許容している、私有財産を認めていると言って断固たる反対を表明し、そればかりでなく『日本人民共和国憲法』というものを決定いたしました。社会党はどうかといえば、さきほど宇野先生からお話のあった憲法前文が源氏物語の法律版であるという皮肉たっぷりな批判演説、あれは社会党代表議員が行ったものです。共産党も社会党も反対だったのですが、結果的には武力で押し付けられたということで、やむを得ず賛成したという経緯がございます。社会党はその後、左右に分裂し、さらに統一されましたが、統一後の昭和三十八年五月三日の社会新報に「社会主義の憲法を勝ちとる」と書いております。これが本音です。共産党も昭和四十九年五月二日の声明で、「やがて社会の進歩とともに、今日の憲法を進歩的に改正すべき段階が登場するであろう」と言っている。ずっと一貫して、今の憲法には反対しているのです。それにもかかわらず護憲、護憲とウソをついている。(拍手)吉田総理がウソ、偽瞞の家元だとすると、共産党、社会党は立派な名取りである。(拍手)マスコミに目を転じて、朝日新聞はどうか。憲法公布の翌日の社説には、「国民は常に注意深く憲法改正を考えていかねばならない」という意味のことが書かれております。昭和二十一年十一月四日の社説にそう書いた朝日新聞は、今日では護憲になりすまして、いったい何を書いているのか訳が分からない、これまたウソをついておる。政党、マスコミをふくめ、要するに護憲派というのは、今の占領憲法、日本弱体化の憲法を維持したほうが革命がやりやすい、というだけの話なのです。(拍手)このことは、しっかり認識しておかなくてはいけません。
もう一つだけふれさせていただきますと、私どもは憲法改正を主張しておりますけれど、戦前の日本に戻そうなどという気持ちは毛頭ないということで、この点に関しましては、岸先生はじめ皆様はすべて同意見であろうかと思います。今の憲法は二重構造になっていて、占領憲法として日本弱体化の意図を持っている反面、自由と民主主義、基本的人権の尊重、議会制民主主義、平和外交の推進、いわゆる象徴天皇制など、私どもが維持していきたい事柄もございます。こうした重要な柱を強化し、維持するために、また、右と左の全体主義勢力から自由と民主主義を守るために憲法改正をしたいと申しているわけで、真の意味ではわれわれこそ護憲派なのです。（拍手）
この点をしっかり考えて、野党やマスコミの一部の唱えている護憲というのは、実はウソっぱちなんだという理論武装をすべきであろうと思います。（拍手）
竹花（司会）日本の常識は、実は世界の非常識だけれど、それを生み出したのは日本の憲法であり、東京裁判史観に立った現憲法は改める必要がある。それと野党の唱える護憲論の偽瞞についても、明快なご指摘がございました。ありがとうございました。（拍手）
折角のシンポジウムですので、会場のほうからもひとつ、ご意見をうかがいたいと思います。挙手をお願いしましょうか。（間）では、松沢さん、どうぞ。（拍手）
松沢啓陽（国を思う会）本日はこの会を主催された岸先生から、「自分が生きているうちに、ぜひ憲法改正を実現させて欲しい」というご発言がございました。われわれ憲法改正運動にたずさわっている者としては、全く居ても立ってもいられない思いです。そこで、事務局のほうでも、早急に具体的なスケジュールを樹てていただきたい。細川先生から「やる気がないから出来ないんだ」とのお話がございましたけれど、たしかにその通りです。国民の総意を結集していきませんと、国会で三分の二の議席がとれませんし、また、国民の支持がなければ国会議員も動けません。本日かかげられた「生かせ、日本の心」というスローガンを、そのまま生かすことが大切だと思います。（拍手）
竹花（司会）もう一人、若いかたにご発言を。
青年　私は日大の学生です。最近の憲法学者や評論家を見ておりますと、ただ自分の主張を叫んでいるだけで、反対意見をもつ人と論争しようという姿勢が全くないようです。かつて美濃部達吉博士と上杉慎吉博士が猛烈な憲法論争をされたことを本で読んで、ますますその感を深くしております。そこで、パネラーの先生方も、憲法改正反対論の人たちと、テレビ、新聞、雑誌などを通して、ぜひ大いに論争をして頂きたい。それによって国民の意識も高まり、改憲の必要性が広く理解されると思います。（拍手）

竹花（司会）ありがとうございました。もう一人、お手があがったようですので、お願いしましょう。

青年　ただ今のお話をうかがうと、要するに今の憲法では、日本の国は守れないということですが、では、もし明日にでもソビエトが攻めてきたら、われわれ国民はどうしたらいいんですか？　憲法を改正するまで待ってくれといっても、相手は待ってくれないでしょうから。その時は憲法を無視して戦えといわれますか、それとも白旗を掲げ、赤旗をふって降伏しろといわれますか、どちらでしょう？（拍手）

竹花（司会）勝田先生、いかがでしょう。

勝田　これは真剣な問いかけですね。そこで、昭和五十九年六月十八日付朝日新聞を見ますと、どこかの国が侵略してきたらどうするか、という世論調査が載っています。それによりますと、七十パーセントの国民が逃げる、あるいは降参すると答えております。学生に対する世論調査でもほぼ同じ結果が出ている。と、いうことは、今の憲法では結局のところ頼りにならないという意識が、実は深いところで漂っているということでしょうね。経済技術大国などといわれていい気になっていますが、日本という国の土台は、白アリに食い荒らされているといっていいでしょう。今の憲法の重大な欠陥の一つは、いま指摘されたような緊急事態に対応する措置が全く見られないことです。かつて栗栖統幕議長が、まさかの時には超法規的手段でもって戦わなければいけない。自衛官というのは、そういう辛い任務を負っているのだと言ったとたんに首を切られました。これが日本の現状です。これは今の憲法の欠陥の一つとして、真剣に訴えていこうではありませんか。（拍手）

竹花（司会）佐藤先生にもお願いします。

佐藤　私は自衛隊が憲法違反だとは考えません。日本の国を日本人が守ることを、憲法が否定しているはずはないと思うからです。それなのに、防衛費はGNPの一パーセントだとか、非核三原則にばかりにこだわっているから、こういう状況になっただけの話じゃないのでしょうか。（拍手）

細川　私からもひとこと。ソ連が侵略してきたら、具体的にどうしたらいいかということなら、これはもう何も出来ませんね。家で寝ているしかない。（笑い）

竹花（司会）岸ユキさんも、ひとことといかがでしょう。

岸　今日はいろいろ勉強させていただきました。一般の主婦たちは、憲法問題にはあまり興味をもっていないと思いますけれど、それだけに一人でも多く関心をもってもらうよう、運動をひろめていかなければ……と思っております。（拍手）

竹花（司会）パネラーの先生方から、いろいろ問題提起をして頂きましたが、最後になって大きな問題が出てきました。予定時間もすでに過ぎ、このシンポジウムをゆっくり総括することができず残念ですが、皆様方がめいめい問題点について、お仲間うちで議論を深めて下さい。（拍手）

大会決議

一、天皇陛下御在位六十年の年にあたり、天皇・皇后両陛下の一層の御長寿・御健康をお祈り申し上げるとともに、現行憲法第一条（天皇の地位）を、日本の国柄に即するよう改めることを提案する。

一、我々は、時代と国情に合わない四十年前の現行憲法を見直し、「憲法を改めて時代を刷新しよう」とのスローガンのもと、自主憲法の早期実現を期す。

一、我々は、自由民主党が、昨年秋の新政策綱領において「自主憲法制定は立党以来の党是である」ことを再確認し、本年一月の党大会においても、「自主憲法制定」を運動方針・宣言・決議に掲げたのに従い、党が率先して、一大啓発運動に取り組むよう求める。

右決議する。

昭和六十一年五月三日

自主憲法制定国民大会

〈大会決議〉

司会者　次に、大会決議に入りたいと存じます。では決議案の朗読を、大会実行委員の小泉政幸君にお願いいたします。

（上掲の大会決議文を、力強く読みあげる）

司会者　ただいま朗読いたしました決議案を、今大会の決議として採択することに、ご異議ありませんか。

（**盛大な拍手**）ありがとうございました。万雷の如き拍手をもって、大会決議はここに採択されました。

なお、この決議には自由民主党に対する要望も含まれておりますので、本日御出席の宇野宗佑幹事長代理から、のちほど自民党本部へご伝達いただきたいと思います。（**大拍手つづく**）

●閉会の辞

決意も新たに改憲運動に精進しよう！

大会運営委員　廣瀬榮一

本日は、岸会長をはじめ、ご参会の皆様のご熱意によりまして、実り多い大会となりました。まことにご同慶の至りと存じます。（拍手）

自主憲法の制定こそは、日本が真の独立国になるために、欠かすことのできない重大な事業であり、国民こぞってその実現のために邁進すべきであると思います。私どもは、この大会を機といたしまして、同志とともに自主憲法制定運動に精進し、日本のゆたかな明日をひらきたいと、決意を新たにした次第でございます。（拍手）

簡単ではございますが、これをもちまして閉会の辞とさせていただきます。

皆様、どうもありがとうございました。（大拍手）

●万歳三唱

自主憲法制定国民会議理事長
自主憲法期成議員同盟常任理事　八木一郎

万歳三唱の音頭をとれとのご指名でございます。満場の皆様のご起立をいただきまして、声高らかにご唱和のほどを、お願いいいたします。

天皇陛下ご在位六十年奉祝、第十七回自主憲法制定国民大会、万歳…、万歳…、万歳…（割れんばかりの大拍手起こる）ありがとうございました。（拍手）

盛会御礼

去る五月三日、千代田区公会堂において挙行されました「第十七回自主憲法制定国民大会」は、終始熱気溢れる満席の盛況裡に、無事終了いたしました。

これも、心ある皆様方の御熱意と御芳情によるものと、執行部・事務局一同、心より厚く御礼申し上げます。

なお、気運上昇の折柄、この運動に一層の御理解・御尽力を賜りますよう御願い申し上げます。

昭和六十一年六月吉日

主催　自主憲法制定国民会議
会　長　岸　　信　介
理事長　八　木　一　郎
世話人、役員一同

主催　自主憲法期成議員同盟
会　長　岸　　信　介
常任理事、役員一同

編集後記

▼五月三日は、生憎の雨の上、三連休の初日でもあり、参会者の出足が心配されましたが、開会のころになってほぼ満席となり、改めて皆さんの熱意にふれた思いで、自主憲法制定への決意を新たにしました。

▼ところで、今年の大会は、ここ数年会場としていた明治神宮会館から、皇居に臨むお堀端の千代田区公会堂（九段下）に会場を移しました。その会場変更の事情を、簡単に記させていただきます。

▼本年は、五月三日が東京サミットの期間と重なりまして、管轄の警察署から、二千人収容の大会場である明治神宮会館では、警備人数の関係等により、多少問題があるかも知れないとの指導がありましたので、急遽別の適当な会場を捜しました。その結果、都心に近く、地下鉄の駅からも歩いて数分と交通の便のよい、千代田区公会堂（千数百人収容）を会場とした次第です。

▼また、今年は初めての試みとして、駒沢大学の竹花光範教授司会により、四名の講師によるシンポジウムを、大会の柱の一つといたしました。女優の岸ユキさん、評論家の細川隆一郎先生、弁護士の佐藤欣子先生、そして京都大学教授勝田吉太郎先生と、それぞれ熱弁をふるわれ、その後、会場からの質問が次々ととび出し、時間を大幅に延長する程に、盛り上がった大会でありました。（清原）

憲法　第十七回国民大会報告号
発行日　昭和六十一年六月三十日
編　集
発行人　事務局長　清　原　淳　平
発行所　自主憲法制定国民会議
〒104中央区八重洲二—六—六
北村ビル3F
電話　五〇二—五〇四一番
振替　東京六—二二八七九
定　価　三百円（送料七十円）

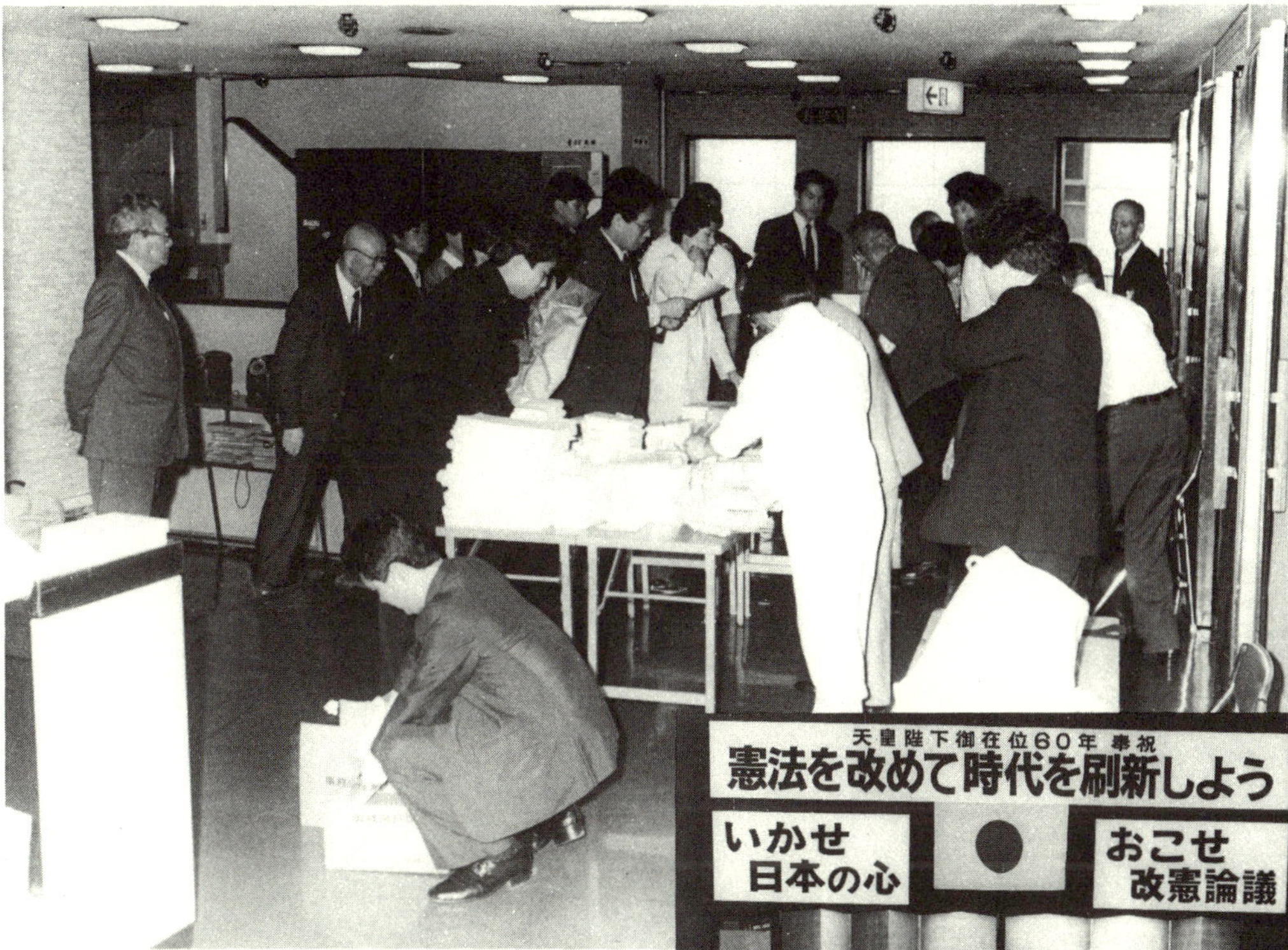

▲配布書類の袋づめに汗を流す。
▶舞台装置の設営を打ち合わせる。
▼各部署に分かれて早朝から準備が始まる。

▲細川講師の発言に満場爆笑。八木理事長も思わずニッコリ。

▲参会者もこもごも起って意見を述べ，シンポジウムは大成功。

▲小泉実行委員が力強く決議文を朗読。

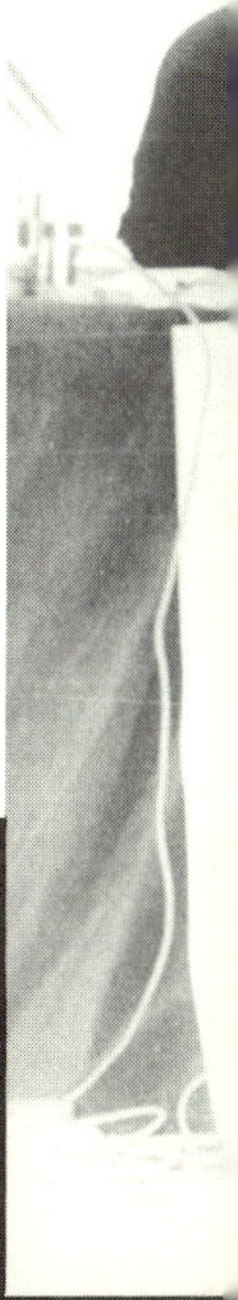

▼超満員の会場には熱気があふれる。

今の憲法はなぜ改正されなければならないのでしょう

いまの憲法を改正すべきか否かが、長年にわたり議論されておりますことは、皆さまもご承知のことと思います。ただその際、私たちが残念に思いますのは、とかく私ども改憲（自主憲法制定）派が誤解されがちだということであります。

その原因は、左翼陣営の執拗な宣伝に国民が惑わされていること。また、いわゆる護憲派は、「むずかしいことを言わないでも、いまの憲法でともかくやってきたから、このままでよいじゃないか」といった心情論ですみますが、私たち改憲派は、「なぜ、憲法を改正しなければならないのか」「どこをどう改正するのか」を明らかにしなければならないために、多少勉強を必要とすることであります。

そこで、私たち改憲派が、決して護憲派の宣伝するようなものではなく、合理的運動であることを明らかにするべく、この小冊子を上梓した次第であります。

自主憲法期成議員同盟
自主憲法制定国民会議　編

¥300
〒70

御注文は　自主憲法制定国民会議事務局へ　振替東京6－22879

憲法

・自主憲　第830号

■題字は岸信介元総理

●憲法を改めて時代を刷新しよう！

第18回
自主憲法制定国民大会報告号

自主憲法制定国民会議・自主憲法期成議員同盟

憲法　・第18回国民大会報告号　昭和62年６月30日発行　発行所・自主憲法制定国民会議・自主憲　第830号

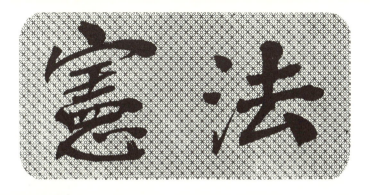

40年前の占領
憲法から脱皮を！
憲法を改正して
新しい活力を

▲「よりよい憲法を作ることは，民族の活力の源泉」と 説く木村会長代行。

▲壇上向かって右，各界からの主賓。

▲八木国民会議理事長が万歳三唱の音頭を……。

▲開会の辞を述べる佐々木前自民党同志会会長。

▲岸会長のメッセージを代読する堀秘書。

▲壇上向かって左，主催者側。

大会プログラム／**目次**〈●白抜き数字は本文の頁を示す〉

一、国歌斉唱　（一回）ピアノ伴奏　水島　納子
二、開会の辞　前自由民主党同志会会長　元衆議院議員　佐々木盛雄……❶
三、会長挨拶　自主憲法制定国民会議　自主憲法期成議員同盟　会長代行　木村　睦男……❷
四、自由民主党　代表挨拶　衆議院議員、自由民主党　国民運動本部長　中山　正暉……❻
五、岸会長　メッセージ　自主憲法制定こそ　国家民族の興亡を決する鍵！……❾
六、推進の言葉　衆議院議員　自主憲法期成議員同盟推進委員　平沼　赳夫……❿
七、推進の言葉　衆議院議員　自主憲法期成議員同盟推進委員　戸塚　進也……⓫
八、来賓紹介、激励電報披露
九、**シンポジウム**「四十年も前の占領憲法を改めよう！」……⓬
政治評論家　今井　久夫
国際問題評論家　宇野　正美
憲法学会理事長　川西　誠
参議院議員、前参議院議長　木村　睦男
十、大会決議　大会実行委員　山本　幸彦……㉒
十一、閉会の辞　大会運営委員　廣瀬　榮一……㉓
十二、万歳三唱　自主憲法制定国民会議理事長　自主憲法期成議員同盟常任理事　八木　一郎……㉓

憲法を改めて時代を刷新しよう！
40年前の占領
憲法から脱皮を！
憲法を改正して
新しい活力を！

●開会の辞

自主憲法制定に向かって、我々の努力を結集しよう！

前自由民主党同志会会長
元衆議院議員
佐々木　盛　雄

ただ今より、第十八回自主憲法制定国民大会を開催いたします。（拍手）

さて、現行の日本国憲法が、占領軍の日本弱体化政策の所産であることは申すまでもございません。その百三条で構成された憲法のうち、第十条から第四十条に至る三十ヵ条は、個人の基本的人権としての、いわば無制限な自由人権の羅列でございます。したがってこの憲法の存在いたします限り、国家権力に対する基本的人権の対立・抗争は尽きるところがないと言わねばなりません。左翼勢力はかかる基本的人権を共産革命の手段として、平和憲法擁護の美名を振りかざし、あらゆる革命の戦術、戦力を動員しているのが今日の実情でございます。

で、ありまするから、この憲法を改めないうちは、本当の意味における日本国家の独立も、また、民族精神の確立も、到底期待することは出来得ないのであります。

本日はカレンダーの上でこそ祝日ではございますが、本当は国民が日本の弥栄《いやさか》を祝福する喜びの日ではありません。否、戦後四十年が空しく過ぎた今日、いまだに亡国憲法の呪縛《じゅばく》を絶ち切ることが出来ないでいる現状に対し、国民はひとしく切歯扼腕・悲憤慷慨の涙を禁じ得ない、痛恨の悲しむべき日であると申さねばならないのでございます。（拍手）

したがいまして、同じく国を憂うる同志の皆さま方が、本日かくも多数、満場立錐の余地もないほどご参集くださいましたことに対し、心から感謝感激の意を表しますと共に、われわれの目指す自主憲法制定に向かって、ますます活発に改憲運動を進めなければならないという認識の下に、この上ともに、いっそうのご協力を賜りますよう、切に切にお願い申し上げまして、開会の言葉に代える次第であります。（拍手）

●会長代行挨拶

自主憲法制定の今日的意義を訴える！

自主憲法制定国民会議
自主憲法期成議員同盟 会長代行
木村睦男

本日は、日本国憲法が施行されまして、満四十年を迎えます。この大きな節目の年に当たりまして、第十八回自主憲法制定国民大会を開催いたしましたところ、かくも多数の皆さまが盛大にご参集くださされましたことを、心から厚くお礼申し上げる次第でございます。（**拍手**）

さきほど岸先生からのメッセージのご披露がございましたが（**9頁参照**）、何分にもご高齢のために、しばらくご静養をされることになりまして、その間、不肖私が自主憲法制定国民会議ならびに自主憲法期成議員同盟の会長代行の大役を仰せつかりました。ここに謹んでご挨拶申し上げると共に、今後一層のご鞭撻のほどを、心からお願い申し上げる次第でございます。（**盛大な拍手起こる**）

さて、昨年の第十七回大会では、岸信介会長が「改憲がさきか、国家の滅亡がさきか」と、憲法改正の急務を説かれました。また、「私の目の黒いうちに、自主憲法の制定がなんとか実現出来ぬものか」と、切々として訴えられたのであります。（拍手）私もその思いは同じでございます。わが国が独立国となりましてから既に三十五年の星霜が流れ去りました。今日、時代を刷新し、国家と国民の本来の姿を示すにふさわしい、国の基本法である憲法を、国民の総意を結集して作らなければならないという、全国民の悲願が達成される日まで皆さまとご一緒に努力して参りたいという誓いを、さらに新たにいたすものであります。（拍手）

現行の日本国憲法が、わが国の歴史、国民性、風土になじまず、日進月歩の今日の国情にふさわしくないことは、今さら申し上げるまでもありません。〝平和憲法〟という実態のない美名にいたずらに酔い痴れて護憲論を唱える者は、まさにそうした認識を欠いていると言わざるを得ないのであります。

現行憲法は、形式的には当時の帝国議会の審議を経たものではございますが、実質的に見ますると占領下において、占領軍の一方的な指示によったものであります。本来から申しますと、一国の権力が事実上占領国の手に移っている間は、占領国は被占領国の法律を尊重し、みだりに改変すべきではございません。そのことは、明治の末期に出来ました「陸戦ノ法規慣例ニ関スル条約」、俗にいうヘーグ条約に徴しても明らかでありまして、わが国もヘーグ条約には参加しております。現行憲法の制定は、疑いもなく国際条約違反であったと、こう申し上げてよろしいでしょう。（拍手）

しかも、占領中に押し付けられた現行憲法には、占領軍のいろいろな思惑がふくまれておりまして、必ずしも国民の気持ちを反映しているものではございません。したがって、そもそも暫定的なものであり、多くの欠陥を持っていることも当然であります。しかるに、未だに〝憲法擁護〟〝護憲〟を叫んでいる政党が存在していることは、皆さまもご承知の通りでございます。

ところが、四十年前にこの憲法が国会審議にかけられましたとき、まっさきに反対したのが、それらの政党でございました。

「この憲法には、国を守る自衛力について、何も規定していない。自衛力を認めぬような憲法には反対である」

と、今日われわれが申していることを、そのまま叫んで反対したのが当時の共産党であります。

また、社会法的憲法を作ろうと画策したものの反対されて、現行憲法にイヤイヤながら賛成した社会党は、その後社会党の綱領の中に、社会主義の原則にしたがって、いずれ憲法を改正すると述べておるのでございます。

かように見てまいりますと、自主憲法を作るべきであるというわれわれの主張は、まさに天下の正論でありまして、忍耐づよくこの運動をつづけることにより、正義はわれにあるのですから、世論は必ずやこれに共鳴・同調してくれるでありましょう。（**拍手**）

ひるがえって考えてみまするに、自主憲法の制定を立党の基本方針として、三十年前に保守合同により発足いたしました自由民主党は、結党の際の綱領において、平和主義・民主主義、及び基本的人権尊重の原則を堅持しつつ現行憲法の自主的改正をはかり、また、占領諸法制を再検討し、わが国の国情に即して、これが改廃を行なうと明記いたしております。

さらに昭和四十七年には、自由民主党憲法調査会において、憲法改正のための大構想案が発表され、改憲の方向を具体的に明らかにしておるのでございます。われわれの国民会議や、自主憲法期成議員同盟におきましても、広く憲法学者の方々のご協力の下に、現行憲法改正の具体案をまとめ、かねてから世に問うていることは、よくご承知の通りであります。

申すまでもなく、二十一世紀に向かって平和と繁栄の日本を築くための、唯一の政権政党であることを自覚する自由民主党は、すべからく自主憲法制定運動の先頭に立ち、広く国民の世論に訴え、すみやかに自主憲法制定を政治日程に載せられるよう、政府への働きかけをこの機会に強く要望いたすものでございます。（**万雷の如き拍手**）

自主憲法期成議員同盟では、この運動をより一層促進するため、さきに推進委員会の設置を決め、三百五十名の議員同盟会員に呼びかけをいたしましたところ、早速七十六名のかたがたから積極的に推進委員となる旨のご返事をいただきました。大いに意を強くしているところでございます。（**拍手**）

なお、重ねて申しますが、われわれは現行憲法に謳われている国民主権、平和への強い要望、人権尊重と、国家繁栄の基本となるものはこれを厳守しつつ、日本という国柄にふさわしい、歴史、伝統、文化、風土になじんだ憲法に改めたいというのが真意であります。現行憲法が、極めて特殊な事情の下に制定され、しかもその後の社会の発展、変化に対応出来なくなっている点が多いからこそ改めたい、つまり、世界各国がどこでも行っている当然のことをやろうとしているにすぎません。

それゆえに、自主憲法の制定こそは戦後政治の総決算の核であり、国家の発展、国民の繁栄に大きく寄与するのみならず、わが国が世界人類に対して貢献する道であることを、確信しておるものでございます。皆さまにおかれましては、何とぞ自主憲法制定の今日的意義をご理解いただき、なお一層のご協力を賜りますよう心からお願い申し上げ、ご挨拶といたす次第でございます。（**盛んな拍手**）

●自由民主党代表挨拶

日本の繁栄のために 自主憲法の制定を！

衆議院議員
自由民主党国民運動本部長
中山正暉

本日は竹下幹事長がご挨拶する予定でしたが、時間の都合がどうしてもつかず、皆さまにはくれぐれもよろしくとのご伝言でしたので、まずお伝え申し上げておきます。（拍手）

私どもの自由民主党も、一昨年立党以来三十年を迎えたわけでありますが、その記念大会に伴い決められました新しい綱領の中でも、現憲法の改正についてたえず研究・検討を重ね、広く国民の理解を深めるようつとめると共に、今後とも時代の変遷に即して検討を進めていくという決意のほどを明記いたしました。それから今年の一月二十日に行われました党大会でも総理大臣から、この憲法の基本的人権の擁護、民主主義、平和主義というような良い点は堅持しつつ、改正については検討を加える必要があるという意見を表明されたことは、マスコミなどによって報道された通りでございます。

さて、私はたまたま時実利彦とおっしゃる脳生理学の権威で、東大教授、京大名誉教授をされた先生から憲法のお話を伺ったことがございます。そのとき先生は、「中山さん、日本の憲法の前文には、『平和を愛する諸国民の公正と信義に信頼して』この憲法を制定したと書いてあります。しかし、私の脳生理学的見地から言うと、人間の脳の組織の中には平和の原則というのはありません。闘争の本能があるだけですよ」と、こうおっしゃいました。

われわれの前頭葉には、百四十億の細胞があるそうですが、三歳から十歳までの間に、細胞の一つ一つに五十本余りの突起が出てからみ合う。狼やライオンは初めからそのように配線されて生まれてくるのですが、人間だけは後天的に配線されるわけです。そして狼やライオンは仲間を絶対に殺さないけれど、人間だけが人間を殺す本性を持っておるんだそうであります。悲しいことだけれど事実のようでございます。

そこで、私は平和ということについて一所懸命に考えてみました。平和という言葉はありますけれど、現実の平和というのは、この世では中々お目にかかれません。特に平和の平という字は、上の横一が天で下の一本は地、間に人をあらわす短かい斜線を入れて、それを棒で支えるというのが基本的人権なんですね。つまり、区別はあっても差別はいかんという意味です。その下の和はノギ偏に口ですから、米・粟・ヒエ・大豆・小豆などを口に入れてやるということでございます。ところが日本をとりまく情勢はいかがでありましょうか。現状を見ますと、さきごろのレイキャビックでの米ソ首脳会談では、ヨーロッパの中距離核は撤去するけれども、アジアには百発置いておくという、不思議なアジアの犠牲の上に交渉が進められました。

昔の諺に、「軍事をぬいた政治は、楽器をぬいた音楽だ」という言葉があります。今われわれは安保条約によって、経済摩擦などを起こしながらでも、アメリカに安全の保障をしてもらっております。それなのに日本の憲法の中には、戒厳令規定などは一切存在しておりません。ところが同じ敗戦国であるドイツでは、その基本法に十一ヵ条にわたる有事の対応が示されております。（拍手）その他、現行憲法の条文にはいろいろ欠陥があるように思えてなりません。しかし、不思議なことに、平和憲法という名の下に、社会党と共産党は日本の憲法を守るということを叫んでおります。なぜ不思議かと言えば、かつて共産党は今の憲法に対する全面的な反対投票をしております。それに同調して、社会党からも二名の代議士が反対投票をいたしました。（拍手）社会党といたしましては、私有財産を認める第二十九条が存在する限りは社会主義政権を成立させることが出来ないという観点に立って、修正案を提出しております。その両党が先頭に立って護憲運動を行うとは、いったいどういうことでしょうか。（拍手）

この憲法を守っていけば、日本は必ず崩壊する、自由主義体制が必ず崩れるということを考えていればこそ、この憲法を守ると言い出したのではないでしょうか。（拍手）

われわれは次の時代のことを考えない政治家を持つ国が、一番悲劇であると申しております。今、わが国はたしかに未曽有の繁栄を謳歌しておりますけれど、栄枯盛衰は世の習いでございまして、この繁栄が果たしていつまでつづくものでありましょう。すべて終わりがあるということを忘れてはなりません。はるか三千年の昔、エジプトに大ピラミッドを建設した偉大な民族は、いったいどこに行ってしまったのでしょうか。あのギリシャの素晴らしい神殿を作り上げた民族にしても同じでございます。天地とともに滅びずと言って、繁栄に酔い痴れた国も、いつかは必ず滅びて行っているのでございます。私ももとよりでございますが、本日ここにご参集の皆さまの中にも、永久に生き残る方はおられません。「散る桜、残る桜も散る桜」と申します。こう考えてまいりますとき、われわれは次の世代に、いったい何を残していったらいいのか、欠陥だらけの憲法をそのまま引き継がしていいのか、よく考えてみる必要があるのではないかと、かように痛感する次第でございます。（拍手）

一九九〇年には、「花の博覧会」というのを日本でも開催することになっております。そこでちょっと思い出しましたのは、外国の庭園を見ますと必ず一部に廃墟を設けているということです。繁栄は永久につづくものではない、必ず滅びる日がくるということを、こういう形で示しているのだそうで、われわれも他山の石としたいものでございます。

さて、われわれはこのアジアの中で、日本独自の経済力とアイデアのもとに、軍備、軍事力増強にお金をかけなければこれだけの立派な大国が出来るということを世界に示しました。しかし、「平和」という言葉の解釈は、イデオロギーの異なる国によって、それぞれ相違がございます。私どものいう平和は、共産主義国と自由主義国の平和の概念は違うだろうけれど、その間をうまく取りもって、日本が世界の平和のために貢献しようということでございます。（拍手）

ところが、ある国に言わせますと、一つの思想によって統一されない限り真の平和はない、地球全体が一つの思想で覆われた時が真の平和の時代であるから、そのためには、つまり平和のためには戦争をしてもよろしいということになります。われわれは、その「平和のための戦い」という言葉にまどわされぬよう、心しなければなりません。

われわれ自由民主党は、日本を守るため、日本の繁栄を次の世代にしっかり引き継がせるため、国の基本法としての憲法を立派に改めて申し伝えていかねばならない政治の場に立っております。（拍手）政権政党としての自由民主党は、国民の皆さまがたのお力を拝借しつつ、われわれの考える平和共存による態勢がしっかり保っていけるような自主憲法制定に向かって努力しなければなりません。そのためにも、ひろく国民にご理解をいただくための機関を設置して、大いに運動を盛り上げたいと、かように考えております。（拍手）

岸信介先生は昭和三十二年に岸内閣を組閣され、昭和三十五年には新安保条約の締結を実現されました。かつての総理大臣がこの国民会議の会長をして下さっていることも、大いに意義ふかいものがございます。それと、国会議員在職五十年の表彰をお受けになられた三木武夫先生の率いる改進党が、昭和二十七年には憲法改正案を提出しておられることも、忘れることは出来ません。ついでに申しますならば、日本共産党も昭和二十四年に、日本国憲法の最初の改正案を提示しております。これも記憶に止めておいて頂きたいと思います。

とにかく温故知新と申しますか、今や国際国家として歩んでいる日本の基本法である憲法について再認識をし、その改正に向かって邁進して参りたいと、皆様にお誓いを申し上げまして、私のご挨拶に代える次第でございます。（拍手）

●岸会長メッセージ

自主憲法制定こそ国家民族の興亡を決する鍵！

代読（岸信介元総理秘書）堀　渉

私はただ今、病気療養中のため、この大会に出席出来ないことを、大変残念に思います。

近年わが国は、国際国家として日ごとにその責任が重く、かつ大きくなってきておりますが、ひるがえってわが国の世相を見るとき、「物で栄えて、心で滅びる」のではないかと危惧にたえません。時代の進展いちじるしい今日、四十年も昔の占領憲法をこのまま放置して、国家の自滅を待つのでしょうか。危機は刻々と迫ってくるように思われます。（**拍手**）

美しい日本人の魂を取り戻し、時代を刷新して、物心ともに豊かな社会を実現するために、欠陥の多い現憲法を正しく改める必要があります。われわれは世界の自由と平和と繁栄に果たすべき、大いなる使命を自覚し、国民の理解と信頼と協力を得て、この国家民族の興亡を決する死活的課題である自主憲法の制定を、一日も速やかに達成するために自由民主党はいうまでもなく、全国各界各層の、そして心ある多数の国民の皆さまの、格別なるご尽力を賜りますよう、切にお願い申し上げる次第であります。（**盛大な拍手**）

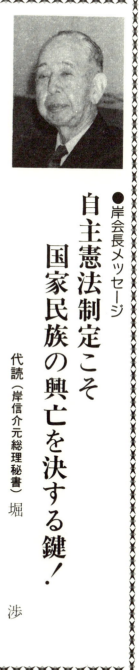

●推進の言葉

自主憲法制定こそ私の政治信条！

自主憲法期成議員同盟推進委員
衆議院議員

平沼赳夫

私は選挙におきましては、一貫して自主憲法の制定を唱えつづけて参りました。ところが、応援して下さる人は、票にならないから止めてくれと、毎回のように言うわけであります。（**笑声**）初回は無所属で立候補しまして、選挙公報にも自主憲法制定が自分の政治信条であると訴えました。岡山一区定員五名に対し九名が立候補、私は最下位で落選、それ見たことかということであります。二回目ももう一歩のところで落選しましたので、選挙参謀から次の選挙では憲法のことは言うなと釘を打たれました。しかし、自主憲法制定は政治家としての信念だから、やめるわけにはいかないとはねつけて、三回目の選挙に臨んだわけであります。その結果は、なんと最高点で当選をさせて頂きました。（**大拍手**）

それ以来、三期連続当選を果たさせていただいているということは、私の主張に対する選挙民の皆さまの共感のあらわれと考えてよろしいのではないでしょうか。（**大拍手**）そもそも現行憲法が国会で審議されましたとき、真っ先に反対したのは共産党であり、社会党でございました。彼らは日本を間接侵略の餌食にし、憲法の骨の髄までしゃぶりつくして政権を奪い、いわゆるコミンテルンの野望を実現していこうと、よこしまな野心に燃えているわけでございます。教育界をみましても、言論界におきましても、あるいはマスコミに目を転じましても、恐るべき間接侵略は着々として進行していると申さねばなりません。こうした危機的状況の中で、しかし、自由民主党には真に良識を持たれた議員各位も多いわけでございますから、このさい改憲に向けて同志の心を結集いたしまして、ここまで盛り上がってきた国民世論に応え、国民の皆さまのお気持ちを裏切らないように、これからも手を携えて一所懸命に頑張って参りたいと存じます。（**盛んな拍手**）

●推進の言葉

若者たちこそ政憲運動の柱に！

自主憲法期成議員同盟推進委員
衆議院議員
戸塚進也

本日はまことに立派な大会で、しかも見渡しましたところ、若いかたがたが実に多い。自主憲法制定の意義が、いよいよ次の世代に浸透してきた証拠でございまして、こんなうれしいことはありません。ご同慶の至りでございます。（拍手）

この大会にだけは毎年静岡から必ず馳せ参じておりますが（拍手）、自民党の現職議員の方のお姿が少ないので淋しく思っております。選挙のときに憲法問題にふれると票が減るなどと言われておりますが、私は今のところ市議会から初まって六回の選挙に無敗でございます。（拍手）自主憲法制定という信念だけは、最後の最後まで貫いて行きたいと、これが私の決意でございます。（拍手）

憲法改正というと、すぐ第九条ばかりが目立ってしまいますが、実は外にも重要な問題が多いわけですから、そういったことをもっと若い人たちに理解して頂けるよう説明をしてこの運動に積極的に参加してもらうことを考えなければいけません。と、いうより、自主憲法の制定については、若い人たちにその柱になってもらうことが必要で、そうなってこそ広く国民にアピール出来るのではないかと思います。（拍手）

幸いにして、このたび木村睦男先生が自主憲法制定のための、この運動の心棒になってくださいました。私ども現職の国会議員も、今大会を契機といたしまして、日常活動をもう少し活発にして、どうすれば国会の中に改憲の機運を生み出せるだろうか、自主憲法制定に対する具体的な議論が活発に行われるようになるだろうかということを考え、心ある国民の皆様の悲願とも申すべき大きな目標に向かって努力することが肝要ではないかと思います。（拍手）

私もまた、皆さまとご一緒に努力することをここにお誓い申し上げまして、ご挨拶に代えさせていただきます。（拍手）

●シンポジウム

「四十年も前の占領憲法を改めよう！」

■**講　師**　（発言順・敬称略）

今井　久夫（政治評論家、日本評論家協会理事長）
元サンケイ新聞論説委員。新聞、雑誌、テレビ、ラジオなどで活躍中。

宇野　正美（国際問題評論家、中東問題研究センター所長）
ユダヤ問題の研究家で、昨年中に何冊ものベストセラーを上梓された。

川西　誠（元日本大学副学長、憲法学会理事長）
十数年にわたり憲法学会理事長を務める、英米法および憲法学の権威。

木村　睦男（参議院議員、前参議院議長、自主憲法期成議員同盟会長代行）
人格識見の評価高く、このたび会長代行に就任。以前より改憲に熱心。

司会

竹花　光範（駒沢大学教授）

竹花（司会） 本日のシンポジウムのテーマは、「四十年も前の憲法を改めよう！」でございます。（**拍手**）四十年といいますと、人間ならば〝不惑〟の年齢ということになります。〝不惑〟を迎える頃になれば、あちこちにガタがくるわけでございますが、それを早く発見して適当な手当を加えることで、健康で長生きできるのではないかと思います。憲法でも同じことで、四十年もたてばガタがくることは仕方がありません。（**拍手**）現実の政治、経済や、社会は大きく変わっているのに、憲法の規定が旧態依然であることは、どうみても異常でございます。また、日本国憲法の成立は、もはや歴史上の出来ごとというわけで、どういう事情で出来たのか、ご存知ない若い方たちもおられると思います。

そんなわけで、本日のシンポジウムも、現行憲法の成立の経緯、内容的な問題点の二つに議論が集中するような気がいたします。では、まず今井久夫先生からお願いしましょうか。

●日本の弱体化、奴隷化が目的

今井 戦後四十年、新聞記者、あるいは評論家として、政治の流れ、憲法の流れをずーっと見て参った者の一人でございます。今日は憲法成立の経緯の延長線上で、先人たちのこの憲法改正のための努力の跡をふり返りながら、自主憲法制定への道を国民が歩きつつあるということをお話し申し上げて、ご参考に供したいと思うわけでございます。

さて、現在の日本国憲法を押し付けたのは、マッカーサー元帥でございます。そのマッカーサー元帥は占領軍司令官の職を解かれてから、ニューヨークでホテル住まいをしておりました。そこへ日本の政財界人が訪ねて参りますと、話を聞いたマッカーサーがびっくりしたというんです。「君たちはまだ自分の作った憲法を守っているのか」と言って。このことは、いろいろな人が話したり書き残したりしております。

マッカーサーとしては、たしかに憲法は押し付けたけれど、占領期間が終わったら、いずれ自主憲法を作るに違いないと、そういうつもりだったのではないでしょうか。マッカーサーとしては、日本は強すぎるから、再び戦争など考えないように徹底した弱体化、奴隷化を図ることが目的だったのですが、それが現在にまで尾を曳いているということだと思います。

そこで、最近出ました『芦田日記』などを読みますと、憲法改正の当事者であった芦田均さんは、「民族の屈辱だ」と言って幾度も涙を流しているんですね。日本の憲法の成立過程を見ますと、プロセスそのものの中に、これは何としてでも改正しなければならないという先人たちの気持が残されている。これを忘れてはいけません。（**拍手**）

吉田茂さんにしても同じでございまして、敗戦国なんだから何を言われても忍ぶより外ないけれども、占領期間が終わったら改正しよう、自主憲法を作ろうという気持でした。これはマッカーサーとも話し済みだったのです。朝鮮戦争が

竹花　光範（司会）

始まったとき、ダレスが顧問として日本にやってきました。そのときに日本再軍備、憲法改正の話が出たんです。しかし吉田さんは、現時点では日本の経済復興がさきである、まず食えるようになることだと言って断わりました。むろん本心じゃない。この問題は私とマッカーサーでやるからという含みなんです。ところがマッカーサーはトルーマン大統領と衝突して突然罷免されてしまった。今日の憲法問題にとって、大きなアクシデントであったわけです。結局吉田さんは話し合いの相手を失い、最後は石をもて追わるるごとく、政権の座を去って行ったと、こういうことでございます。

　その後は鳩山一郎さんが内閣を引き受けました。スローガンは何か。憲法改正、小選挙区制の実現、日ソ交渉の三つです。第一に憲法改正の決意を明らかにした。そのための手段として小選挙区制を導入し、衆参両院で改憲発議に必要な三分の二の議員を獲得するという狙いがあったわけです。鳩山さんはこうして努力されましたけれど、結局は日ソ交渉でシベリアに抑留されていた日本人の救出に成功し、ソ連の拒否権を押えて国連加盟に成功したという二つの実績を残して退陣してしまいました。

　つぎに岸信介さんが宰相になられた。岸さんはまず法律による憲法調査会設置を実現されました。スタートしたときは三十六名の委員で、そのうち十四人が社会党です。その社会党が全員欠席でボイコットばかりする。今も昔も社会党のやり方はちっとも変わっていないんです。土俵の上で勝負すれば負けるから、初めから避けるというのは、売上税問題に対する手口と同じじゃないかと思います。（拍手）岸内閣の憲法調査会は膨大な資料を残したのに、それが眠ったままなのは、実に残念でたまりません。

　それから以後の政治日程の上では、憲法改正が第一義的な意味を失って行くんです。岸さんの後の池田さん以下、歴代内閣は経済高度成長一本にマトをしぼってしまいました。そして中曽根内閣になった。中曽根さんといえば、若い頃には憲法改正の歌を作詞したほどの改憲論者ですから、今度こそやってくれるのではないかと、国民は熱い期待のもとに衆議院三百人体制を実現させた。偶然にも世界各国から外圧という形でいろいろ問題が提起されたわけですが、国民のねがいとしては、日本が本当の独立国として、世界に対して堂々と所信を述べて欲しいということだと思います。それなのに日本の現状はどうか。自主憲法一つ持たず、自分の国も守れないような有様で、どうして世界に向かって胸を張ってものが言えるか、ひとつ、しっかり頼むよということじゃないでしょ

うか。（**拍手**）

そういう意味から申しますと、今ほど国民世論の盛り上がっているときはない。中曽根さんや次につづくニューリーダーの最大の政治課題は憲法改正、自主憲法制定でございます。これ以外にはない。（**大拍手**）

私はこの会場に参りまして、大変に心強いことが一つございました。憲法改正などと申しますと、何か老人パワーというような印象をうけがちですが、どうでしょう、会場を埋めつくした青年、学生さんたちの姿。そして若い女性も大変に多いということは、憲法改正運動もいよいよ波に乗ってきた何よりの証拠じゃないでしょうか。（**拍手**）むろん、お年寄りの方もたくさん来ておられますので、日本の老・壮・青に女性も加えて、明日の日本のために、自主憲法制定を一気に軌道に乗せようではありませんか。（**拍手**）

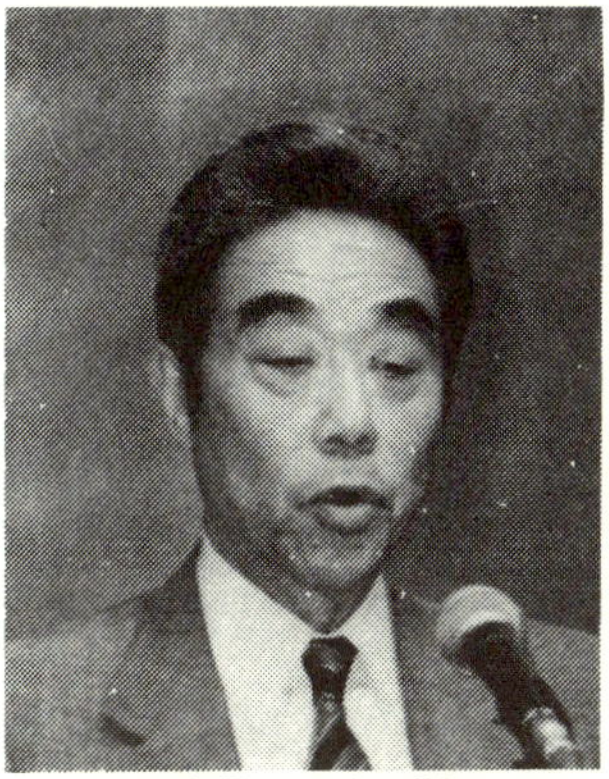

今井　久夫　講師

竹花（司会） ありがとうございました。今のお話のなかで面白いなと思ったのは、岸内閣時代に設置された憲法調査会を、社会党がボイコットしたのは、土俵に上れば負けるのが分かっていたからだというご指摘です。

その通りでございまして、社会党はその後も一貫して態度を変えません。戦術的護憲論というんでしょうか、本心は社会主義憲法を作りたいんだが、今は出来ないから、当面は護憲を叫んでいた方が都合がいいということです。では次に宇野正美先生から……。

●日本国憲法草案を作ったグループの正体

宇野 敗戦後のドイツが憲法を作らずに、ドイツ基本法と称していることはご存じの通りです。また、教育をみましても、戦前も戦後も少しも変わっておりません。たとえば日本には現在九百六十の大学がありますが、ドイツは昔も今も五十でございます。大学がふえたというと、ともすれば進歩したとか、平和であるとか、平等であるとかと考えがちですが、ドイツは教育そのものを変えることを拒否しました。憲法についても同様に連合軍の言うことを拒否したのはなぜかといえば、ユダヤ問題がからんでいたからです。彼等はユダヤ人のことをよく知っていたということですね。

私のことを反ユダヤという人もいますが、それは間違いです。私はユダヤ人が悪いなどと、つまらんことは言っておりません。むしろ二千年もの間、国を失っていた民族に同情すべきなんです。そしてイスラエルを作ったのが、今からわずか三十九年前でございます。それまで彼等は世界中をさ迷い、その波があるときはヨーロッパで衝突し、あるときは日本にも押し寄せてきた。かつてマッカーサーに率いられてGHQ

宇野　正美　講師

（連合軍総司令部）の人たちがやってきました。日本国憲法草案を作ったグループの責任者はケージスですが、彼はれっきとしたユダヤ系アメリカ人でございます。ケージスの周囲にはたくさんのユダヤ人がいて、わずか一週間で憲法草案を仕上げてしまいました。もう一つ、東京裁判というのがありましたけれど、ジョセフ・キーナン裁判長もユダヤ人なんです。アメリカないしは連合国が日本に憲法を押し付けたと思ったらとんでもないことで、それはトロイの木馬にしかすぎません。

ところで日米摩擦がうるさく言われていますが、これも実はアメリカの中のユダヤ系の人たちを相手にしているわけです。日本は単一民族国家ですが、アメリカは人種のるつぼといわれるくらい、それぞれの民族が異った社会を作っている。いわゆる複合国家、多民族国家です。そのアメリカを代表する民族が、実はユダヤ系なんですね。実に立派で強い。

それと同じように、ＧＨＱといっても八十パーセントはユダヤ系の人々でした。彼等はドイツによって六百万人の同胞を虐殺されたといわれています。そのドイツと同盟を結んでいた日本に、どういう目的で彼等はやってきたのか。彼等には過ぎ去ったことは水に流す、人を許すといった儒教的な考え方は通用しません。彼等の根底にあるのは世界最古の書物、旧約聖書の思想です。つまり、「目には目を」「歯には歯を」ということです。やられただけやり返すということは、創造主である神が認めたことですから、単なる恨みではありません。イラン・イラク戦争も同じなんですね。

ですからユダヤ民族はドイツに対して、絶対立ち上がれないように報復しました。第一に東西に国を分断した。第二にベルリンを共産国家東ドイツの真ん中に置いて人質のようにした。第三に他の民族との混血を画策したということです。

ドイツには今百五十五万のトルコ人がいます。一方で二百万の失業者が出ているのですが、トルコ人に出て行け、とは言えないんです。もし言えば世界のマスコミを握っているユダヤ人たちに非難される。ペンは大砲より強し、です。

日本だって間接的ユダヤ民族虐殺者だった。これを忘れてはいけません。ＧＨＱの人たちは実はアメリカ人じゃなかったのです。戦後、マッカーサー自身が東京裁判は間違いだったと認めているでしょう。その東京裁判をやり、憲法を押し付けたのは、ユダヤ民族だったのです。（**拍手**）

憲法の中に一番多く出てくる言葉は「平等」であり、次に多いのは「自由」です。特に基本的人権尊重という立場でいっぱい書いてある。しかし、よく考えてみると、「自由」も「平等」も反対なんです。学問、居住、選択の自由、男女の平等などと言うけれども、世の中は初めから不平等じゃないのか。男と女と生み分けられ、ある者は金持ちの家に、ある者は貧乏な家に生まれる。頭がいい人もいれば、そうでない人もいるということは、どう考えても不平等です。自由自由というけれど、本当に自由にしたら、頭のすぐれた奴はうまく立ち回って、自分たちだけに都合のいいような不平等な世の中を作るでしょう。これだけ考えても、「自由」と「平等」という言葉のカラクリが分かります。

もう一つ、民主主義というわけの分からない言葉を接着剤として付けました。おかげで「自由」「平等」は矛盾なく日本人の中に入ったというわけです。そこで、それをテコにして「平等」を吟味してみると、教育の間違いが出て参ります。九百六十の大学を作ったことが「平等」だと錯覚してしまった。一国を指導し、人々の師表になるような人を、神はそんなにたくさんは作っておられません。本当の意味のエリートだけが大学に行けばいいんじゃないでしょうか。

ユダヤ人たちは、神はすべてを平等に作られたのではないことを、実によく知っております。そして、よく知っていればこそ、あの「自由」「平等」という非常に美しく聞える言葉をうまく操ったのです。このことを知るだけでも、戦後教育の荒廃の原因をつかむことができるでしょう。昔の教育は不平等から出発した。だからこそ日本人の才能が、才能として発揮され、国家の強い礎が出来たんです。(**拍手**)

竹花(司会) 今の宇野先生のお話をうかがいますと、日本国憲法草案を実際に作ったのはケージスですから、彼等の意図というのはマッカーサーとはちょっと違って、半永久的なものにしたいということだったように思います。ありがとうございました。では、続いて川西誠先生にお願いいたします。

●新しい構想の下に日本国憲法を

川西 私は憲法学会の会長をしておりますが、憲法というのはわれわれの生活にすべて影響していることを常に肌で感じております。それだけにいろいろな角度で批判されるわけですが、そうではなく、純粋な法理論だけでいい悪いを検討しようじゃないかといって、各地方の大学で教えている三百名ほどの学者たちがグループを作りました。それが私どもの憲法学会でございます。

さて、さきほどの国会議員の方のお話にも、憲法改正なんていうと票にならないということがございました。われわれ憲法学会でも、憲法批判をやるとすぐ右翼だとか反動だとかいわれたこともありました。しかし、われわれとしては純粋な法律的立場から、現行憲法を検討しようといって、手分けをしながらここ十年間やってきたわけです。その結果は、これが日本の法律かと思うほど寄せ集めだったり、アメリカでも困っているような問題が、いいことのように書いてあるんですね。（拍手）なまじ憲法という名をつけたからいけないんですよ。占領軍が占領地を統括していくための、占領軍司令官の「布告」であるといってしまえばよかったと思いますね。とにかくこれを憲法としてみると、まことに不行き届きなものです。そういう点からいうと、百年前に伊藤博文らが作った帝国憲法のほうが、体制は整っております。

しからば、現行憲法をどのように改め、どういう憲法を作ったらいいのかという問題があります。われわれの学会では、今その作業にかかっているんです。ただし、学会としてのまとまった憲法案を作るということではありません。グループの各自が、これなら日本国憲法として一番ふさわしいと思うものをまとめて、すでに発表されている人もいます。これから国会などでこの問題が取り上げられるようになったら、すぐ出せるように準備をしておるわけでございます。（拍手）

ちょっと専門的な話になりますが、日本の現行憲法はアメリカから押し付けられたものですから、われわれは英米法と言っております。帝国憲法はどうかと申しますと、ドイツをモデルにした憲法であって、あれは概念法学というんです。立場が違う法律なんです。憲法の改正を強く言うのは英米法であって、概念法学では憲法改正などとは全く言いません。ところが、憲法改正というとうるさく反対されるから、解釈だけを変えていく。たとえば自衛隊なんかがそうで、今では憲法違反を唱える人はいませんね。しかし、解釈改正ということは、おのおの限界があるんです。

昔と違って生活様式が変わってきたからというので、畳を板敷きの部屋に変えることは出来ます。つまり改築するわけです。でも、これからは洋服で腰かける生活だから、床も板張りの新築をした方が却って手っ取り早いということもあります。その方が何やかやと拘束をうけないですむし、思った通りに出来るでしょう。だから、われわれもそういう意味で日本国憲法をどうするかと、新しい構想のもとに考えているのです。むろん、案を作るのはわれわれですが、出来上った家の設計図を見て、これはいいとか悪いとか、ここはこうして欲しいと批判されるのは国民の皆さんです。ですから、学会としてはこれが理想の憲法だなどということは申し上げません。各自がベストと信じるものを作り、国民の皆さんに判断していただき、日本にふさわしい憲法にしたいということでございます。（拍手）

今、ユダヤ民族の話もございましたけれど、憲法には民主主義の教科書みたいなことも書いてありますね。ではアメリカはどうかといったら、アメリカは今困っているというのが実情です。アメリカのものであっても、いいか悪いかはわれわれが独自の判断できめなきゃならんということでしょう。

そこでまた家の話に戻りますが、だからこそ改築じゃなくて、思い切って新しい家を建てた方がよいと思うのです。憲法も同じことで、家を修理するようなやり方では限界がある

ということを申し上げたいですね。（**拍手**）

ともかく、もう時代が違うんです。われわれが外国に勉強に行ったときには、アメリカまで船で十四日間かかりました。今はどうでしょう。成田から飛行機に乗れば六時間でハワイ、それからアメリカ本土まで四時間で着いてしまいます。ヨーロッパに留学するのには、横浜を出て、神戸、香港、シンガポールを経てスエズ運河を通り、地中海からマルセイユに着くまで四十日間かかりましたよ。今は成田からアンカレッジへ飛んで、その日のうちにパリでもモスコーでも簡単に行けるようになりました。

そのように変わった時代に即応して、新しい憲法を作らなければいかんというのは、まさに時代的要請なんです。憲法改正を論ずるなんて頭が古いという人は、その人の頭の方が古いんですよ。自主憲法を作ろうといえば、進歩的だといわれて当たり前なんです。結論を申しますと、国会議員の先生方の尻を大いに叩いて、自主憲法制定運動を大いに推進していただきたい、ということでございます。（**拍手**）

川西　誠 講師

竹花（司会）　非常に多岐にわたるお話をありがとうございました。

引き続いて木村睦男先生にお願いいたしましょう。

●広い視野で憲法改正の問題点をチェック

木村　ただ今から五年ほど前、鈴木内閣のときに、私は予算委員会で鈴木善幸総理大臣に憲法問題の質問をいたしました。くわしくは『憲法改正に対する私の考え』（裏表紙参照）という小冊子を見ていただくとして、一つだけ申し上げたいことがございます。憲法の第一条には、「天皇は、国の象徴である」と書いてありますが、この象徴とは一体どのように解釈したらいいのか。どの国の憲法にも、その国を代表する者として、元首とか代表とかと明記しております。その点を鈴木総理にただしましたら、「象徴とは代表の意味だ」とおっしゃる。それならば、会社の代表取締役社長を、象徴取締役と書いてもよろしいのかと（**拍手**）、こう反問したわけですが、いまだに学界においても意見が分かれているんですね。つまり、国を代表する者は天皇であるという説のほかに、国を代表する者は内閣である。いや、内閣総理大臣であると、少なくとも三通りの解釈があるわけなんです。そういうことでは、外国の元首なり大統領がこられた場合、日本を代表して会われるのは一体どなたであろうかと迷わざるを得ません。こういうところに大きな問題がございます。（**拍手**）

もう一つ申し上げたいのは、憲法改正というとすぐ第九条が出てきて軍国主義路線であり、戦争をやろうとしているというのが、左翼陣営のおきまりの宣伝パターンです。しかし、私どもはもっと広い視野で、現行憲法の問題点をチェックしていることは、皆さまご承知の通りでございます。（拍手）

木村　睦男　講師

一例をあげますと、憲法八十九条には、国の財産、公金というものは、慈善、教育、宗教などには出してはならないと書いてあるんですね。ところが、私立大学に大きな額の補助金が出されておる。これは憲法違反ではないかと鈴木総理に申し上げたら、今は最高裁判事になっている黒田法制局長官から、私学振興会にいったん補助金を出して、そこから私立大学に配っているので、憲法違反ではないという答が返ってきました。これは大変な詭弁でございまして、ワンクッション置けばよろしいというのなら、靖国神社にだって出せることになります。私は私立大学に補助金を出すのは間違いだなどと申しているわけではありません。むしろ私立大学の教育水準を高めるために、大いに出したらよろしい。しかし、それならば憲法を改めて、八十九条を改正して、直接、堂々と出せるようにするべきではないかと言っておるのです。（**拍手**）法律が邪魔になるからというので、解釈を変え、回わり道をして出している。それが日本の教育に非常に悪い影響を与えているということが言えるわけでございます。

あらためて申し上げるまでもなく、憲法改正を発議するには衆参両院それぞれの国会議員の三分の二以上の賛成がなければなりません。自由民主党は衆議院で三百十数名の議員を擁しておりますが、それでもまだ不足でございます。同時に憲法は国の基本法、国民全体の基本法ですから、かりに三分の二を取ったからといって、多数決で反対を押し切ることは避けるべきではなかろうかと思います。自主憲法の制定は、やはり国民大多数のコンセンサスのもとに作られねばなりません。野党は護憲を叫んであちこちで集会を開いておりますが、私どもが主張する改憲の真意を本当に理解されるならば、あえて反対する理由はないのではないでしょうか。（**拍手**）

問題の第九条についても、与野党でよく話し合えばいいわけでございます。今日お集まりの皆さまは、本当に日本人として誇り得る立派な憲法をと望んでいらっしゃるわけですから、もし野党の議員さんを支持しておられる方がいらしたら自主憲法制定の真意をぜひ徹底してPRしていただきたい。なお、今後一層のご協力をお願いして、私の話を終わらせていただきます。（**拍手**）

竹花（司会） ありがとうございました。実は会場の方からも質問なりご意見なりをいただく予定でありましたが、既に時間も経過しております。最後に補足を希望される先生方から、簡単にお話をいただいてシンポジウムを終わりたいと存じます。では、さきほどの順番で今井先生から。

今井 これからの日本を考えますと、円が百円になっても日本は滅びません。しかし、憲法が今のままなら、確実に日本は滅びます。（**拍手**）改憲するもしないも国民次第。どうぞわれわれの子孫のために、一層のご努力をお願いして、私の補足といたします。ありがとうございました。（**拍手**）

宇野 一七八九年、今からちょうど二百年前ですが、このころからユダヤの人々は人間として認められたんです。それまでは迫害され、痛めつけられてきました。ところが、日本の歴史を振り返ってみますと、学問の自由が制限されたというのは、非常時以外にはありません。居住の自由も同じだし、男女の平等が犯されたこともないんですね。ところが、憲法第三章には、ことさらに基本的人権の尊重がうたわれております。それは何故かというと、さきほどふれましたように日本国憲法草案を作ったのはユダヤ系の人たちですから、今から二百年前まで虐げられてきたユダヤ民族の理想を、彼等はそこに書いたわけです。

たとえば、居住の自由について考えてみても、ユダヤの人たちは迫害されて、ゲットーという所に閉じこめられていました。彼等にとっては、そこから出るということが、居住の自由の理想だったわけです。信仰の自由もありませんでした。ユダヤ教はすでに弾圧されていましたから、信仰の自由も彼等の夢だったのです。いうまでもなく、学問の自由も許されてはいませんでした。とにかく彼等が人間として認められるために、最も必要だったのは「平等」ということです。人間は平等であると彼等は叫んだわけですが、しかし、心の中では人間は平等ではないことを、ハッキリ知っていました。人間の才能とか器量とかは平等じゃないと分かってはいても、平等ということを口実にしないと、迫害の歴史から逃れることができないんですね。階級闘争理論もいっしょで、資本家と労働者は平等でなければいけない。したがって、資本家を叩きつぶすのは正義になります。マルクスの資本論も全く同じ流れなんですね。つまり、私は自由、平等、博愛というのは美しい言葉ですが、その成り立ちをよく考えないと駄目ですよ、ということを申し上げているわけです。（**拍手**）

竹花（司会） ご指摘の「平等」について日本国憲法では、「国民は、法の下に平等であって」と書いてあります。これですと、解釈の仕方によっては、法の適用の下における平等しか意味しないということになってくるわけですね。これは大変なミスなんですが、急いで作ったせいばかりでなく、民政局のスタッフたちが憲法の専門家ではなかったためなんじゃないでしょうか。そのほか、用語や表現が不適切なために、解釈によっては国民の権利を保障しているとは思えないような規定もたくさんあることを指摘しておきたいと思います。どうも長時間、ありがとうございました。（**盛大な拍手**）

大会決議

一、四十年前、敗戦直後に占領軍によって押しつけられた憲法が、いまだに改正されずにいることは、独立国として誠に悲しいことである。国柄に相応しく且つ時代に即するよう改正して、教育等の荒廃を正し、新しい活力を生み出すことを提案する。

一、我々は、自由民主党が、新政策綱領において「自主憲法制定は立党以来の党是である」ことを再確認し、本年一月の党大会においても、「自主憲法制定」を運動方針・宣言・決議に掲げたのに従い、党が率先して、一大啓発運動に取り組むよう求める。

一、我々は、「物で栄えて、心で滅びる」現況を深く憂え、中曽根総理に対し若き日に「自主憲法制定」に情熱を燃やされた初心に立ち返り、国家・民族の基本課題である「自主憲法制定」を軌道に乗せるよう、いまこそ尽力せられんことを要望する。

右 決 議 す る。

昭和六十二年五月三日

自主憲法制定国民大会

〈大会決議〉

司会者　次に、大会決議に入りたいと存じます。では決議案の朗読を、大会実行委員の山本幸彦君にお願いいいたします。

（上掲の大会決議文を、力強く読みあげる）

司会者　ただいま朗読いたしました決議案を、今大会の決議として採択することに、ご異議ありませんか。

（**盛大な拍手**）ありがとうございました。万雷の如き拍手をもって、大会決議はここに採択されました。

なお、この決議には自由民主党に対する要望も含まれておりますので、本日御出席の中山正暉国民運動本部長から、のちほど自民党本部へご伝達頂きたいと思います。（**大拍手つづく**）

●閉会の辞

国の礎に根をおろした自主憲法の制定を！

大会運営委員　廣瀬榮一

第十八回を迎えた自主憲法制定国民大会が、本日かくも盛大に催されましたことは、ご同慶の至りにたえません。（**拍手**）いかに見上げるような大木であっても、根が大地に張っておりませんと、台風一過あえなく転倒してしまいます。国家といえども同様で、国家の根幹である憲法が国情にそぐわず、伝統に根ざしていなければ、国家はいつ崩壊するかもわかりません。（**拍手**）

私どもは伝統から芽生え、国の礎に深く根をおろした自主憲法の制定のために、これからもさらにさらに、精進を重ねて参ることを誓いたいと存じます。本日はかくも多数の方々にご参集頂き、まことにありがとうございました。以上をもって閉会の辞といたします。（**拍手**）

●**万歳三唱**

自主憲法制定国民会議理事長
自主憲法期成議員同盟常任理事　八木一郎

ご一緒に万歳の三唱をいたしたいと思います。私どもは、「憲法を改めて、時代を刷新しよう」という合言葉のもとに今日まで努力を重ねて参りました。四十周年を迎えた記念すべき年に当たり、是が非でも自主憲法制定を実現させようと誓い合う意味で、心からなるご唱和をお願いしたいと思います。僭越ですが音頭をとらせて頂きます。万歳…、万歳…、万歳…（**大拍手起こる**）ありがとうございました。（**拍手**）

盛会御礼

去る五月三日、千代田区公会堂において挙行されました「第十八回自主憲法制定国民大会」は、終始熱気溢れる満席の盛況裡に、無事終了いたしました。

これも、心ある皆様方の御熱意と御芳情によるものと、執行部・事務局一同、心より厚く御礼申し上げます。

なお、気運上昇の折柄、この運動に一層の御理解・御尽力を賜りますよう御願い申し上げます。

昭和六十二年六月吉日

主催　自主憲法制定国民会議
会　長　岸　信介
会長代行　木村睦男
理事長　八木一郎
世話人、役員一同

主催　自主憲法期成議員同盟
会　長　岸　信介
会長代行　木村睦男
常任理事、役員一同

編集後記

▼五月三日の大会は、昨年と同じく千代田区公会堂にて開催しました。この日は連休の初日に当たり、また、他の改憲派団体も同じ日時に会合を持ちましたので、果たしてどの程度聴衆が来られるか、心配しましたが、開場時刻の十二時半前から、参会者が続々と詰め掛け、一時半開会の時には、会場の一・二階とも満席で、開会中を通して立ち人がでるほどの盛況となり、自主憲法制定運動へ寄せる国民の皆様の関心の深さに、主催者一同、大層感動いたしました。

▼また、大会参加者も、若い人の比率が年々増え、今年は、千数百名の参加者の八割近くが若い人々で、しかもその内の四割が学生さんという数字が出て、若い方々もいよいよ目覚めてきたかと頼もしく、大いに意を強くしました。

▼なお、毎年この大会へ出席するのを例としていた岸信介会長は、療養中のため欠席しましたが、病床よりメッセージを寄せられ、この運動への御熱意に改めて胸を打たれました。

▼議員同盟、国民会議両団体の決議を経て今春、会長代行に就任された木村睦男前参議院議長のご挨拶をはじめ、所用の竹下登幹事長に代わって挨拶をされた中山正暉自民党国民運動本部長、そして飛び入りで演説された平沼赳夫、戸塚進也両衆議院議員、シンポジウムの先生方、それぞれに感動的なお話でした。**（清原）**

憲法　第十八回国民大会報告号
発行日　昭和六十二年六月三十日
編集発行人　事務局長　清原淳平
発行所　自主憲法制定国民会議
〒104中央区八重洲二―六―一六
北村ビル3F
電話　五〇二―五〇四一番
振替　東京六―二二八七九
定価　三百円（送料七十円）

▲書籍売場にも次々と参会者がつめかける。

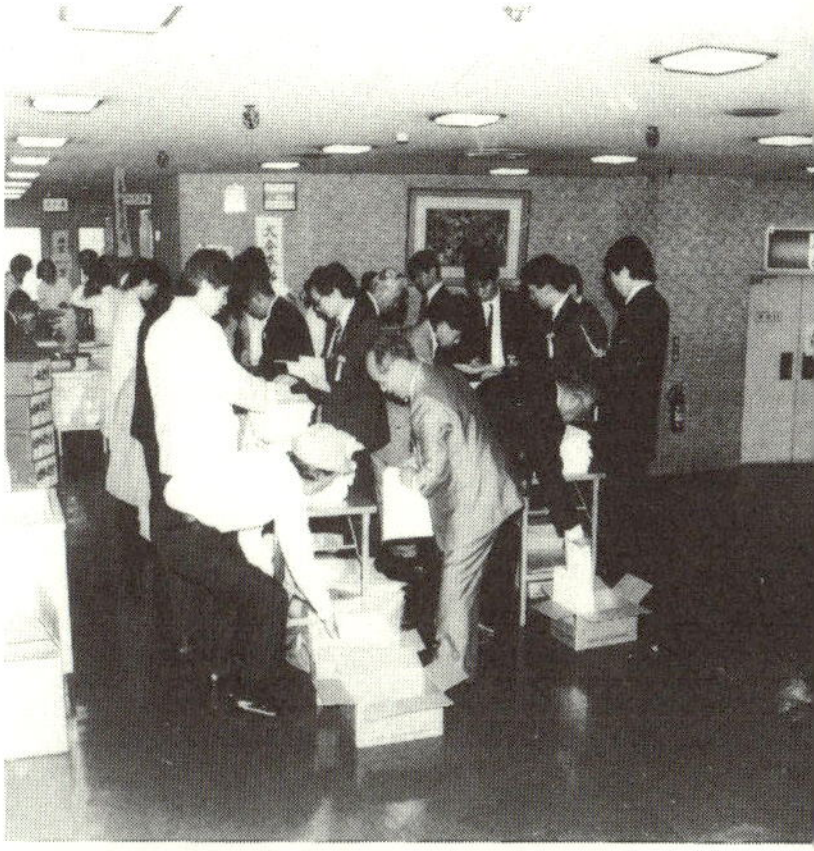

▲開会前の配布書類の袋づめ作業。

◀受付を待って混雑するロビー。

▲整理券に記入する学生参会者があとをたたない。

▲例年より以上に女性の姿が多い。

▲いよいよシンポジウムが始まる。

▲休憩のひととき。参加者で文字通りごった返すロビー。

▲一階も二階も満員。立っている参会者も多く，会場は熱気につつまれる。

・自主憲　第860号

憲法

■題字は岸　信介元総

●憲法を改めて時代を刷新しよう！

岸　信介会長追悼特別号

自主憲法制定国民会議・自主憲法期成議員同盟

憲法・岸　信介会長追悼特別号　昭和62年12月10日発行　発行所・自主憲法制定国民会議・自主憲　第860号

□ 目次 □

●内閣・自由民主党葬
弔辞　内閣総理大臣　中曽根康弘……2
弔詞　衆議院議長　原健三郎……6
弔詞　参議院議長　藤田正明……6
追悼の辞　最高裁判所長官　矢口洪一……9
弔辞　友人代表　土井正治……10
●追悼のことば
自主憲法制定実現への誓いを新たに　自主憲法期成議員同盟会長代行　前参議院議長、参議院議員　木村睦男……14
岸信介先生を追憶する　自由民主党憲法調査会会長・衆議院議員　稲葉修……15
改憲政党である誇りを忘れるな　元衆議院議員　池田清志……17
世界に誇れる自主憲法を作ろう　憲法学会理事　川西誠……18
自主憲法制定の灯を消すな　元衆議院議員　古川丈吉……19
選挙の第一公約は、常に自主憲法の制定　衆議院議員　森下元晴……20
岸先生の偉大な軌跡を慕って　衆議院議員　森清……21
パレードの先頭に立たれた岸先生　駒沢大学教授　竹花光範……23
編集後記……24

（内閣・自由民主党葬関係の写真は、自由民主党のご好意で提供されたものです）

皇太子殿下同妃殿下のご献花

弔辞

「故岸　信介」内閣・自由民主党合同葬儀委員長
内閣総理大臣　中曽根康弘

本日ここに、正二位大勲位、元内閣総理大臣、自由民主党最高顧問、故岸　信介先生の内閣・自由民主党による合同葬儀が執り行われるに当たり、謹んで御霊前に追悼の辞を捧げます。

岸先生。まことに長い間、日本のため、世界のためにお尽くしいただき御苦労様でございました。ここに、ありしながらの温容を仰ぎ見つつ、内閣総理大臣、自由民主党総裁として心からお礼を申し上げ、お名残り尽きぬお別れを申し上げます。

先生は山口県に御出生になり、幼少のころより俊秀の誉れ高く、長じて農商務省、商工省に勤務されるや夙に頭角を現され、将来国家をになう人材として嘱望されました。しかし、昭和十六年、東条内閣の商工大臣に就任せられて以来、戦争の前途を憂慮され、国を愛し平和を求める至情を貫こうと苦悩の時代を送られました。その後、先生は、決然として東条内閣を打倒し、終戦を促進されました。敗戦、被占領の時にあっては、A級戦犯容疑で巣鴨刑務所に拘置され、明日の命も保証されない運命の日々を送られました。起訴を免がれ、やがて、公職追放解除になるや、市井の一国民として日本再建の回天の事業を志され、後に政治活動に身命を賭されるに至ったのであります。当時は、太平洋戦争での敗戦、占領軍の進駐という厳しい現実の流れの中で国民の多くが誇りと自信を失わんとしていた時期であり、先生の大目標は、自主憲法を制定し、日本国民が独立国民としての矜持を堂々と持ち、正しい民主主義と民族主義の下に、日本復興の歯車を回し始めさせることにありました。

この大目的のため手掛けられたのは、まさに保守合同の実現でありました。この偉業の達成によって、保守の岩盤は、一体的に強固になり、政局は諸外国に比べて安定し、今日の日本の平和と経済発展の基礎が築かれたのであります。

ついで先生は、鳩山内閣を助けて、日ソの和平と正常化の交渉を成功させ、シベリア等に抑留されていた同胞の帰還と日本の国連加盟を実現し、日本が今日の国際的地位を獲得する端緒を開かれました。

その後昭和三十二年二月から三年五か月にわたり、先生は内閣総理大臣の重責を担われ、現職総理大臣として初めて東南アジア諸国を歴訪し、賠償問題の処理を手掛け、アジアに生き、アジア諸国と共生し協力しあう今日の日本の礎石を据えました。当時私は、この東南アジア諸国歴訪に随行し、ネール首相を始めアジアの指導者との感激的対面の場を目のあたりに見たのであります。

また先生は、内政にあっては、岸政治のバックボーンをなした憲法問題の解決に取り組まれ、内閣の諮問機関としての憲法調査会を設立し、国の基本に関する国民的検討と合意の形成の途を開かれました。さらに、国民皆保険皆年金を実現し、最低賃金制度を確立するなど、民生の充実向上に力を注がれました。

しかし、何と言っても、先生の偉業の中の最たるものは、日米安全保障条約の改正を敢然として手掛けられ、筆舌に尽くせない艱難辛苦を突破され、政権の運命をかけてこれを達成されたことであります。このことによって、日米両国の関係は対等を回復し、平和と自由と民主主義に立脚する両国の友好と協力の関係は、子々孫々にわたって強固に構築され、世界政治における日本の路線は確立されました。そのことはまさしく、今日の日本を形成する基礎となったのであります。この御功績は、戦後の日本歴史の上に不滅のものとして伝えられるところであります。

由来、大きな志を遂げんとする政治家には、毀誉褒貶はつきものであります。また、真の政治家は、その時代時代の宿命を背負って行動し、時流におもねず、国家百年の大計を自己一身の犠牲において敢行し、その評価を後世の史家に託して消え去って行くものであります。思うに、岸先生ほど、時代の浪に洗われつつも、その局面局面において自己の信念に忠実であり、自己の信念を全うせんとした政治家は近来少ないと言えましょう。政治家が、自己の所信に忠実に生きようとすればするほど毀誉褒貶はますます多く、かつ、大きくなるのは当然であります。しかし、さらに時代が経過すれば、それはかえってその政治家のスケールの大きさ、底力の強さを示すものとなるのであります。先生との永訣のときに当たり、先生の人生に思いを致し、このような政治家としての大きさと信念の強さをしみじみ感ずるものであります。その中心を貫くものは、先生の強烈な人類愛と愛国心であったと確信いたします。

岸先生。戦後政治のあの困難の時期に、先生が国の将来を見通し、不屈の信念をもって推進された幾多の政策は、三十年の歳月を経て、平和国家日本、経済大国日本の基盤として大きく結実いたしました。先生は、政治家として自らが心血を注いだ政策の大きな成果を目のあたりにされたのであります。このことを思うとき、先生をお送りする私どもの大きな悲しみも、いささか慰められるのを覚える次第であります。

先生は、総理を辞められた後も、時流に超然として、かつ、大局的な立場に立たれて、我が国の政治の在り方について御所見を示されるなど、国政の指導者として日常を過ごしておられました。

平常、先生は、少壮のころ「カミナリ岸」と言われたその鋭鋒を包み蔵して、万人と分け隔てなくおつきあいになり、自己を隠さず、言うべきことは妥協せず、しかも他人の言葉には注意深く耳を傾けられ、淡々として洒脱、しかも人情に厚く、人間愛に溢れる方でありました。

私は長年にわたり、偉大なる政治家、尊敬すべき先達として先生の謦咳に接しえたことの幸せを今改めて噛みしめ、先生の御温情に対し、心から感謝申し上げる次第であります。

現代日本にあって、先生の御逝去は、まさに言葉通り「巨星墜つ」との感を皆ひとしく分かち合うことと思います。しかしながら、先生の政治に対する御尽瘁と、国家、人類に対する奉仕の理念は、長き将来にわたって脈々として実現されて行くものと確信いたします。

ここに先生とお別れするに当たり、その御功績を鑽仰し、心から御冥福をお祈り申し上げて、弔辞といたします。

昭和六十二年九月十七日

弔　詞

元自由民主党総裁前衆議院議員正二位大勲位岸　信介君は、多年憲政のために尽力し、特に院議をもってその功労を表彰され、しばしば国務大臣の任につき、再度内閣総理大臣の重責をにない三年有余にわたり国政を統理されました。

君は、常に民生の安定と国運の隆盛につとめ、また議会政治の進展と国際的地位の向上に力をいたし、今日に至るわが国の発展に大きな貢献をいたされました。その功績はまことに偉大であります。

衆議院は、君の長逝を哀悼し、つつしんで弔詞をささげます。

衆議院議長　原　健　三　郎

弔　詞

参議院はわが国民主政治発展のため尽くされました元内閣総理大臣正二位大勲位岸　信介君の長逝に対し、つつしんで哀悼の意を表しうやうやしく弔詞をささげます。

参議院議長　藤　田　正　明

上・御遺骨の入場／下・皇族と政府関係者席。　7

▲さしもの武道館も参会者でうずめつくされた。

8

追悼の辞

最高裁判所長官　矢口洪一

本日、ここに、正二位大勲位故岸　信介氏の内閣・自由民主党合同葬儀が営まれるに当たり、謹んで追悼の辞を申し上げます。

氏は、長い生涯を通じ国家のために献身されましたが、特に内外の情勢極めて困難な時に当たって内閣総理大臣の重責を担われ、高まいな識見と強い祖国愛をもって、我が国の平和と繁栄のために全力を傾け、今日の基礎を築かれました。その輝かしい幾多の御功績は、国連平和賞受賞の御栄誉とともに、永く歴史に刻まれ、不滅の光を放つものと信じます。

この度、突然の御逝去に遭い、痛恨限りなく、誠に哀悼の極みであります。

ここに、心から御冥福をお祈りいたしますとともに、御遺族の御安泰を祈念し、追悼の辞といたします。

弔辞

友人代表　土井正治

本日ここに私の最も敬愛する岸さんのご霊前に、お別れの言葉を述べなければならないことは、この上もない悲しみであります。

顧みればあなたと知りあったのは大学時代で、既に七十年近くになります。お互い人生の航路は異なりましたが、不思議に気が合い、よく意見を戦わし冗談を飛ばし合うことが、今日までの長い間の楽しみでした。その間家族づれでお互いに東京大阪を行き来して、新築祝いや金婚式などを祝ったことも、ついこの間のように懐かしく思い出されます。ここ一・二年来、あなたに接する度に、なんとなく言葉が少なくなり、応答に張りが減って来るよう感じられましたので、無理しないようそれとなく注意を促して居ましたところ、昨年十月にわかに入院され、早くも他界して終われました。人生のはかなさに今更ながら驚かされています。

あなたは、天賦の美質に恵まれている上に、人一倍の勉強家であったので、友人間にあって早くから畏敬されその将来に大きな期待を寄せられていました。

果たしてあなたは、官界に入るや断然頭角を現し、戦時中若くして枢機に参画され、戦後は新しい日本の再建に邁進されました。その間幾度か死線に直面され、波乱万丈ともいうべき人生でありましたが、よくこれを乗り越え偉大な政治家として大成されました。友人としてその精神力に敬服すると共に、大きな誇りでありました。

あなたが国政に参与し、幾多の偉大な業績を挙げられたことは、今更申し上げる迄もありませんが、特に戦後間もなく、議会政治の将来に鑑み、保守合同による自由民主党の創立を達成され、今日の日本の安定した政治の基礎を築き、さらに総理大臣として安保改定の問題を解決して、独立国家としての日本の進路を確立し、平和と繁栄の基礎を作られましたことは、特筆すべき大事業であります。

私が深く敬意を表している点は、あなたは正義心に強く、常に国家社会の利害を念頭に置き、大所高所から事を処し、その実現のためには強い決断力をもって臨み、一身を捨てて省みない覚悟を堅持されていたことであります。

あなたが総理大臣として安保改定に挺身された態度は、あなたの見識の高さと勇気を示したもので、尋常の総理大臣の到底なし得る処ではありません。日本は今日まで順調な発展を遂げて来ましたが、なお前途多難、問題は少なくありません。それを考えるとき、わたしはいつもあなたの存在と指導力に信頼し、心強く思っていたのでありますが、いまあなたを失って残念でなりません。

あなたには、まだまだやり残された仕事が有りましたでしょうが、あなたが指導された優れた後継者の方々が、必ず立派に解決されることと信じています。

終戦直後には想像も出来なかった今日の日本の姿を見るとき、あなたの今日迄のご苦労とご努力は、既に大きな成果を挙げ、内外の人々によって高く讃えられています。あなたが国家に尽くされた偉大な功績と忠誠心は、国民の心に深く浸透し、末長く歴史に伝えられることでしょう。

あなたの偉大な業績の数々を偲び、長い間の温かい友情に心から感謝し、ご冥福をお祈り致します。

▲式場は厳粛な雰囲気にみたされていた。

◀皇太子殿下同妃殿下のご献花。

岸　信介会長を悼む

・順不同

自主憲法制定実現への誓いを新たに

木村睦男

（前参議院議長・参議院議員
自主憲法期成議員同盟会長代行）

昨年の夏に参議院議長を辞任いたしましたので、そのご挨拶に岸先生をお訪ねし、いろいろお話を伺いました。そのとき岸先生は、憲法改正問題に関連しまして、「憲法の改正は中々むつかしいので、時間をかけざるを得ないけれども、二十一世紀へ向けての、独立国家としての日本を築いていくためには、根気づよく取り組んでいかねばならないなあ」と、しみじみとした口調でおっしゃいました。私は、それを未だに忘れることができません。

岸先生の戦後におけるご活動を振り返って見ますとき、昭和三十二年から三十五年までの岸内閣が手掛けた安保改正という歴史的なご功績がございます。しかし、戦後の岸政治の原点というものは、岸先生が巣鴨から出られまして、昭和二十三年に重光先生とご一緒に日本再建連盟というのをお作りになって、政治活動を始められた。そのとき掲げられた五大政策のひとつに、「国民の総意に基づいて憲法を改正し、独立国家の体裁をととのえる」というのがございます。これが岸政治の原点であり、その後も一貫して、この問題の実現のために、ご苦労なさったのが岸先生であるわけでございます。ご承知のように、岸先生は昭和二十八年の、あのバカヤロー解散のときに国会に出られたわけですが、直ちに憲法調査会の会長になられ、それ以降ずっと憲法改正問題に取り組んでこられました。

国会議員をおやめになられましてからも、公職はすべて辞退されたにもかかわらず、自主憲法期成議員同盟、自主憲法制定国民会議という二つの団体の会長だけは、終生ご自分でつとめられました。そして、憲法改正の実現を目指して努力していくという、非常に強いご決意で最後まで力をつくされたお気持ちは、われわれとしては誠に感激に堪えないところでございます。

同時に、その岸先生がご長命だったとは申しながら、突然亡くなられましたことは、われわれにとりましては、本当に盟主を失った、いわば大黒柱を失った思いでございます。

岸先生の亡きあと、志を同じくする皆さんと共に、岸先生のご遺志を引き継ぎまして、ことに新しい世紀は目の前に来ているわけでございますから、日本の真の平和と繁栄のために、独立国家としての日本にとって一番大切な自主憲法の制定を期して、手を取り合って頑張っていきたい。岸先生のご冥福を心からお祈りしながら、本日この場におきまして、かように誓いを新たにするものでございます。

岸　信介先生を追憶する

稲　葉　　修

（自由民主党憲法調査会長・衆議院議員）

◇

大正時代の東京帝国大学に学生の団体で「七生社」というのがあった。楠正成の「七生報国」からその名を採ったものである。憲法学の上杉慎吉教授の下に稲葉圭亮（私の長兄）等の同志が相寄って創立したものである。岸さんも抜きんでた秀才で、上杉先生からは、大いに嘱望された弟子であったわけである。

上杉博士、美濃部博士、筧博士は、当時の東京帝大の憲法学の三大泰斗とも言うべき教授といってよいであらう。

上杉先生は弟子の岸信介先生に眼を付け、自分の憲法学講座の後継者にしたいと思って大学に残ることを熱心におすすめになったが、岸先生はこれを断って行政官の道を択んだのであった。岸先生が戦時中のいわゆる「新々官僚」群の旗頭の一人となられたという運命の岐路である。

岸信介先生が追放解除後、昭和二十八年の総選挙で当選されて政界に復帰し、後に保守合同の立役者となり、自主憲法期成議員同盟の会長や自主憲法制定国民会議会長に推戴されたのは、遠く学生時代上杉先生の愛弟子として、憲法学に造詣の深かったことに因るものである。

先に述べた七生社での「箴」と称する上杉先生が会員に与へた同人心得ともいうべきいましめには、興味深い文言があるので引用しよう。

一、先輩に対し其の礼厚く、同輩直言憚らず、後輩に処して隔つるところなし。一、青年須らく大志を固くし厳に誘惑を斥け、而して濶達自在、硬軟両面に出頭没頭し、鳶飛び魚躍るが如かるべし。一、敬虔脚下を照顧し奇を取り異を抜き業に励んで心移らず。などとあるが、今日の私共としても痛く共感を覚えるところである。

岸信介先生の太平洋戦争末期に於ける東条内閣打倒運動や、日米安保条約改定に総理大臣の職を賭した強固な愛国心と反骨精神は、先生の東大学生時代に培われた上杉大先生譲りの正しい国家主義哲学の賜であろう。

◇

安保条約の改定については、私にも感慨がある。というのは改定前の旧安保条約には、米国の日本を防衛する条約上の義務規定はなかった。当時の民主党最高委員長苫米地義三先生や幹事長三木武夫先生等の意志に反して私が本会議の記名裁決に青票を投じた理由はこの日米安保条約の不備ということにあった。北村徳太郎先生や中曽根康弘さんなども、この不備を不満として裁決に欠席されたのである。石田石松、園田直、小林進一の三代議士（何れも民主党）は平和条約にも安保条約にも反対投票をして離党して了った。

投票後民主党の控室に帰ったら、公職追放中の中谷武世先輩が居合せて、「やったねえ。僕も議席があって表決に加ったら多分やっただろうね。」と言われたことを印象深く憶えているのである。

岸総理、藤山外相の日米安保条約の改定は、日本国中大騒動で、国会は十万人と称する大デモ隊で包囲されたが、不平等条約の是正であるから、理論上正しいばかりでなく、日米基軸外交の出発として我国の安全保障の礎となったのである。

◇

今や日本の政界は悉くだらしがない。ポスト中曽根を窺狙ういわゆるニューリーダーに、よきにつけあしきにつけ岸さんのような愛国心と信念を堅持し、中曽根康弘を越える己を捨てた私心のない政治家らしい人物が見当らないのは淋しい限りである。小細工に長けた金権万能主義者どもは論外だが、宮沢のインテリジェンス、安倍の人の好さも、今一の頼りなさを感じざるを得ないものがある。「切れるものなら切って見ろ。俺のからだにや骨がある、南蛮鉄の骨がある」という度胸がないことには、日本国の総理大臣としてこの難局は乗り切れまい。

岸信介や惜しい時期に急死された緒方竹虎のような頭もよくて度胸満点の人物を追憶する情、切なるものがある次第である。

（「民族と政治」九月号より転載）

改憲政党である誇りを忘れるな

池田清志
（元衆議院議員）

岸先生、謹んでご冥福をお祈り申し上げます。

私は、岸先生と憲法改正の理念の下につながってきた政治家であると考えます。また、岸先生こそ、憲法の問題について努力されるためにお生まれになった方だとも考えます。

さて、ご承知のように自由党と民主党がいっしょになって自由民主党になりました。いうまでもなく、憲法改正を旗じるしに掲げた、いわゆる改憲政党であります。そして岸先生は、その憲法調査会会長になられたわけであります。それから後、岸先生は自主憲法制定に向かって身命を賭してこられました。私は、岸先生が催されるその時々のお集まりには、つとめて出席しておりましたので、いつしか岸先生のお目にとまったのでしょうか。「池田、お前もしっかりやれよ」というお言葉を賜りまして、具体的には、自主憲法期成議員同盟という団体があるから、そこの仕事をやれとおおせつかりました。さらに、自主憲法制定国民会議の副会長もやれということで、岸会長の下でつとめさせていただいたわけでございます。岸先生はこの二つの団体で、憲法改正にまっしぐらに取り組まれ、国の内外において大変な努力をしていただいたことは、よくご存じの通りです。

ところが、改憲政党である筈の自由民主党が、どうしたことか、ちょっとダラシがなくなりました。私も党員の一人ですから、党首あるいは総理大臣が、進んで憲法改正の発議をするものと期待しておりましたが、一向にその動きが見られません。まことに残念でございます。しかし、これではいけません。そこで皆さんにもお願いしたいことは、自由民主党だけが改憲政党であることを、もう一度再確認していただいて、ひとつ大いにハッパをかけていただきたい。党首なり幹部なりが、憲法改正の発議を積極的にやるという所まで押し上げていただきたいと、切にお願いする次第でございます。
それが、亡き岸先生にお報いする道でもあると、固く信ずるものでございます。

世界に誇れる自主憲法を作ろう

川西　誠
（憲法学会理事長）

私共が心からご尊敬申し上げていた岸先生がお亡くなりになられ、まことに哀悼の気持でいっぱいでございます。

われわれ憲法学会には約三百人位のメンバーが、日本全国の大学におります。ところが会員たちが今の憲法を少しでも批判しますと、あれは右翼だ、反動だとらく印を押されてしまう。学者としての生命にかかわることですから、若い人のなかにはつい尻込みしてしまう人も多かったというのが実状でございました。つまり、かつては今の憲法はありがたい、いい憲法だといわないと学生の人気がなかったのに、最近では情勢が変わりました、自主憲法というと進歩的だというように学生からも見られるといったように、世の中も変化しつつあります。とは申しましても、われわれとしては学問的に憲法を掘り下げて、しっかりした理論構成をしてからでないと、結論はこうだという形で改正案を出すわけにはまいりません。

また、われわれがいくらいい案を作っても、立法府との密接な協力がなければ実現しませんから、その意味でもこの会には必ず出席して意見を申し上げるようにいたしております。

考えてみますと、岸先生がおっしゃられた「自主憲法」という言葉がいいんですね。われわれの仲間の中にも、帝国憲法を復活せよという人もおります。たしかに明治維新当時としては非常によく出来た憲法でしたけれど、あのころよかったから、今もいいというわけにはいかないんです。聖書にも書いてあるように、新しい酒は新しい革袋に入れなければいけません。そういうことで、地方の各大学にいる若い人たちに、自主憲法という考え方は大変に浸透しているということがいえると思います。

それにつけましても、われわれが本当に頼りにしておりました岸先生がお亡くなりになられたことは、ショックでございます。政治家というのは、ともすれば時代の流れによって左右されがちなものですが、岸先生にかぎって終始自主憲法制定という信念を微動だもさせられなかった。そのご遺志をしっかりと継いで、永久に世界に誇れるような新しい憲法を作りたいと、決意を新たにいたしておる次第でございます。

自主憲法制定の灯を消すな

古川丈吉
（元衆議院議員）

私は自主憲法期成議員同盟と協和協会の共に常務理事という立場で、憲法改正運動について熱心な一人でございます。今回、岸先生が亡くなられ、本当にガッカリいたしました。岸先生がご存命中から、私はお目にかかるたびに、「あなたに代わるべき人はおりません」と申し上げてきましたのに、残念でたまりません。岸先生亡き今、われわれとしましては、岸先生のご遺志をいかに継いでいくか、ということが最大の課題であろうかと思います。つまり、岸先生が灯されたこの自主憲法制定の火だけは、お互いに何としてでも灯しつづけていかなければならないということでございます。

申すまでもなく、岸先生の最大のご業績は安保改定でございましたが、あのときは国会におきましても野党が実力で阻止しようとして暴力をふるいました。私も小さな体で、大きな社会党議員と取っ組み合いをしたことを覚えております。岸先生でなければ、あの安保改定は出来なかったに違いないと感心しております。

また、保守合同当時の責任者であり、憲法改正を自民党の党是とされたわけで、岸先生ほど自主憲法制定に情熱を傾けられ、ご自分の損得を度外視して取り組まれた政治家はありません。こうしたことに思いをいたして、せっかく議員同盟が結成されているのですから、もっと加盟議員を活発に集めてもらって、この問題を真剣に討議してもらいたい。それが一番大事なことだと思います。八木一郎先生のお出しになっている『日本の心』なども、もっと一般国民に配布してもらいたいですね。それによって、憲法改正に対する認識も次第にあらたまってくるでしょうから。

とにかく憲法改正は、今の政治情勢、社会情勢ではなかなか早急に実現はむつかしいと思いますが、ひとつ根気よく、一生これにかかっていきたい。幸い木村睦男先生がこのたび会長代行になられたので、驥尾に付してまいりたいと、かように考えております。

選挙の第一公約は、常に自主憲法の制定

森下元晴

（衆議院議員、自主憲法期成議員同盟推進委員）

今から六年前だったと思います。岸先生のお誕生日を御殿場でお祝いしました。十一月の末でございましたが、そのときは岸先生も大変お元気で、大きな声で、「私は国会議員を辞めても、実は五つの問題について力をつくしたい」とおっしゃいました。その五つの問題というのは、第一が憲法改正。第二がアジア、太平洋諸国で、大東亜戦争でご迷惑をかけた国々に対するきちんとした後始末。三つ目が日米関係を大事にすること。第四は人口問題。このことは福田赳夫先生にひきつがれました。最後が中小企業問題ということで、この五つはしっかりやっていきたいと、いわれるのです。

その若々しい情熱に大変な感銘を受けたわけでございます。

私は昭和二十八年以来、これまでに九回選挙に出ました。そのうち一回は落選しましたので、当選回数は八回でございますけれど、いつでも第一公約には憲法改正をうたっております。そんなことをすると票が減るなどと言う人が多いのですが、たとえ何といわれようと、これだけは下ろすわけにはいかないといって、ずっと掲げつづけております。

ところが、改憲政党である自民党の綱領の中から、憲法改正を外そうという動きが、ときどき出てくるので呆れております。そんなときは、いつも岸先生からご指導いただきまして、森清先生と一緒に、何のために保守合同をやったのかと抗議に出掛けるわけです。自主憲法を制定するということは、いわゆる政治体制以前の、国体を護持するためなのに、それをおろそかにするようでは、自民党の明日はないということで、綱領には何とか残してはまいりました。しかし、なかなか改憲にまでいたらぬということは、私共の力が足らないわけで、岸先生にもまことに申し訳なく思っております。

それから、アジア太平洋問題につきましては、約二十年近く岸先生が日本議員団の団長、私が事務総長ということでやらせていただきまして、あるときは、ナールという小さな共和国、それからソロモン、パプアニューギニア、マレーシアとか、いろいろな所で総会や理事会をやりました。もちろん東京、ソウル、タイペイでも開きましたが、そういう時にはいつもおともをして、岸先生から親しくご薫陶をいただきました。もっともっと、お元気で長生きされて、私共の象徴としておいでになっていただきたかったのに、残念でたまりません。この上は岸先生のご遺志を受け継いで、これからも頑張ってまいりたいと、決意を新たにするばかりでございます。

岸先生の偉大な軌跡を慕って

森　清
（衆議院議員、防衛政務次官）

私如き若輩から仰ぎますと、岸先生は雲の上にそびえる高峰とも申すべき大先輩でございまして、遠い遠い所の方でございます。それなのに、私が国会議員になりましてからは、「励ます会」などには必ずお顔を見せてくださいましたし、いろいろとご指導を受けてまいりました。本当にありがたいことで、本日、こうしてご遺影の前で先生の思い出話をさせていただくことも、ひとしお感無量なものがございます。

岸先生のことを初めて存じ上げましたのは、はるかな昔の中学生のころで、非常に有能な、しかも若い方が商工大臣になられ、このままでは国家のためにならないと、軍部の圧力にも屈せず東条内閣を倒されたということが、新聞紙上に出ておりました。先生のご業績については、それからも歴史の本などで再確認したことも多いわけでございます。

戦後は戦犯容疑者になられましたが、やがて無罪で追放解除になり、講和条約の発効と共に公職追放も解除されて、昭和二十八年でございましたか、国会に出てこられました。

その当時、私は役人になっておりましたので、岸先生のご活躍を目のあたりにいたしているうちに、あれよあれよという間に党の実力者になられ、つづいて総理大臣の椅子にすわられました。そのころには、私もどうにか課長補佐になり、政治にもいっぱしの関心をもち、また自然に政治にもかかわるという時代でございました。それから、例の安保騒動があり、国をあげての大変な騒ぎの中で、日米安全保障条約の改定という大仕事を、確固不抜の信念の下にやりとげられた、岸先生のお姿をじっと見てきたわけでございます。学校の関係から申しましても、高等学校、大学の大先輩に当たるわけで、偉大なる先輩、偉大なる政治家として、ぜひご指導を受けたいものとかねがね念願をいたしておりました。

幸いにして、政治の世界に入りましてからは、親しくお教えいただく機会に恵まれ、政治家としての私の考えを固めるのに、大きな影響を与えていただいたと感謝しております。

その岸先生が突然幽明境を異にされて、ご自身で日本再建の基礎を築かれた先生が、望まれていたような日本になるであろうことを、ご自分の目でたしかめられずに逝かれたことは、本当に残念なことでございます。

また、自主憲法の制定という明日の日本を左右するような大切なことが、いまだに緒につかないということも、遺憾にたえません。独立国家、独立民族として当然自前の憲法、国柄にふさわしい憲法を制定すべきであるにもかかわらず、未だにこういう残念な状態であるということは、私自身、その衝に当たっている一人として、大変恥ずかしいというか、力不足を嘆いているわけであります。

ほかの問題点について考えてみますと、たとえば経済摩擦などといわれていても、大きな目で見れば結構うまくいっているんですね。国民の社会福祉、社会保障などという面でも、世界に冠たることをやっていると思いますが、今一番欠けているというか、情けない状態なのは、日本民族としての考え方が浅薄であるということです。経済大国などといわれて、経済的に豊かになったのは結構ですが、ともすると金さえ儲かればいいじゃないかというような風潮も見られることは、残念でたまりません。しかも、中枢にいるような政治家の中にもそういうことを考えている人がいて、それがひいては国民一般の中にまで浸透してしまっているような気もします。

そういう諸悪の根源が、実はマッカーサーに作ってもらった今の憲法にあることはいうまでもありません。それなのに、平和憲法で内容がいいからなどといって、ありがたがっている国民が多いという、その精神構造に問題があるのではないでしょうか。ですから、これは諸先輩のお力をお借りしながら、全国的な国民運動を起こして、一日も早く自主憲法の制定を実現させなければならない。選挙にもこのことを公約として掲げまして、私の政治生命のつづく限り訴えつづけていきたいと、岸先生のご遺影の前にあらためてお誓い申し上げる次第でございます。

パレードの先頭に立たれた岸先生

竹花光範
（駒沢大学教授）

この自主憲法期成議員同盟、自主憲法制定国民会議にかかわらせていただいてから、もう十数年もたつわけですが、私が初めて岸先生にお目にかかったのは昭和四十九年ではないかと思います。そのころ、お隣りの中国では文化大革命が一応終了いたしまして、文革を踏まえた新しい憲法を作るというので、いろいろな動きが出てきた時期であります。これは陽の目を見ませんでしたが、その過程で作られた新憲法草案なるものが、台湾ルートで日本に伝えられまして、新聞紙上などでも大いに取り上げられました。むろん、議論も活発に行われたわけですが、自主憲法制定国民会議と、自主憲法期成議員同盟の役員会があるから、その草案について解説をするように仰せつかりまして、たしか当時は自民党本部で昼食を共にしながら、お話をさせていただいたわけです。

その時に初めて岸先生に親しくお目にかかったということであります。その後は、自主憲のお手伝いはなにかとさせていただきましたけれど、岸先生から個人的にお教えをいただくという機会はなく、協和協会や時代を刷新する会の例会、自主憲法制定国民大会などでお目にかかるという程度でございました。しかし、今思い出してみますと、岸先生の憲法改正にかけるお気持ちの強さというんでしょうか、それをしみじみ感じたことがあります。たしか昭和五十年ごろだったと思いますが、当時は自主憲法制定国民大会は明治神宮の参集殿でやっておりました。その年も大会の後でパレードをしましたが、五月三日だというのにかなり寒い。小雨がパラつきましてね。そんな天候なのに岸先生は自主憲法制定というたすきをかけられ、パレードの先頭に立たれました。そのお姿を拝見して、岸先生は単にお飾りとして会長をされているのではない。体を張って自主憲法制定に取り組んでいらっしゃるんだなあと、感銘を新たにいたしました。岸先生は、ご自分の目の黒いうちに何んとかして、憲法改正を実現したいとおっしゃっておられました。そのご遺志をわれわれがつぎまして、一日も早く自主憲法制定の日が迎えられるよう、私も応分の働きがしたいと考えている次第でございます。

編集後記

▼当団体の会長故　岸　信介先生は、山口県の御出身で明治二十九年生。東京帝大きっての秀才と謳われ、当時の農商務省に入られ、商工省工務局長、満洲国総務部次長、商工次官などを歴任の上、戦時の東条内閣で商工大臣、衆議院議員。しかし、当時飛ぶ鳥を落とす勢いであった東条首相と意見を異にし、刺し違えの形で東条内閣を瓦解せしめるなど、お若いときから「気骨の人」でした。

▼戦後、占領軍により、A級戦犯容疑で三年三ヵ月拘置されましたが、戦時の行動の正当性を認められて、不起訴釈放。講和条約が発効して日本が独立するや、「日本再建連盟」を創設して会長となり、翌二十八年山口県二区より衆議院議員に当選。

▼当時の混迷した政局を憂え、保守合同に尽力され、遂にこれを実現して自由民主党初代幹事長。そして、御承知のように、昭和三十二年二月より同三十五年七月まで内閣総理大臣として難局にあたられました。

▼岸先生の政治信念は、日本再建のためには、(一)保守合同により強い与党を作ること。(二)不平等な日米安保条約を改定して実質的独立へ近づけること。そして、それは、(三)自主憲法の制定によって完成する、とのお考えでした。その内の一と二は先生自らの手で実現されましたが、それだけにし残された自主憲法制定には執念を燃やされました。

▼そこで、岸先生は、昭和四十四年、自主憲法期成議員同盟第四代会長、自主憲法制定国民会議初代会長に就任され、亡くなるまで、終始一貫、この運動の先頭に立たれました。

▼私どもは、こうした立派な会長を戴いたことを誇りに思い、今後も、岸先生の遺志をついで、この運動に努力してまいりたいと思います。

▼岸先生は、昨年十月より病気療養中でありましたが、薬石効なく去る八月七日、満九十歳の天寿を全うされました。密葬は八月十一日、芝の増上寺にて行われ、さらに、翌九月十七日、内閣・自民党葬が、日本武道館にて、約八千名を集め厳かに執り行われました。本号は、その後者の模様・記録を中心に、その他、この運動に特に熱心な方々の追悼の言葉を収録いたしました。

▼この冊子を、岸　信介会長の御霊前に捧げ、つつしんで御冥福をお祈り申し上げます。

(清原)

憲法　岸　信介会長追悼特別号

発行日　昭和六十二年十二月十日

編集発行人　事務局長　清原　淳平

発行所　**自主憲法制定国民会議**
〒104中央区八重洲二—六—一六
北村ビル**3F**
電話　五〇二—五〇四一番
振替　東京六—一二二八七九

定価　三百円（送料七十円）

▲献花の順番を待つ一般参列者。

「故岸　信介」内閣・自由民主党合同葬儀次第

日時　昭和六十二年九月十七日(木)午後二時
場所　日本武道館

葬儀副委員長　後藤田正晴

一、開式の辞
一、黙とう
一、故岸　信介元総理の生前のお姿
一、追悼の辞

葬儀委員長　中曽根康弘
衆議院議長　原　健三郎
参議院議長　藤田　正明
最高裁判所長官　矢口　洪一
友人代表　土井　正治

一、天皇皇后両陛下お使御拝礼
一、供花

皇太子同妃両殿下
正仁親王同妃両殿下
憲仁親王殿下

一、献花
一、御遺骨お見送り
一、閉式

●ご参考までに当日の式次第を掲げました。（編集部）

あとがき

「志《こころざし》」とは何か。これは、私が、岸信介先生から四団体の委嘱を受けて以来の課題である。言葉はむずかしい。日本語では、香典返しの品に「寸志」と書くので、「ささやかなお礼の気持ち」ともされる。また「政治家を志す」というと「努力目標」を表す。象形文字の解字では、足の形から始まり、目標を目指して一歩一歩進むことをいうとする。それなら、手段を選はず目標を達すればよいのか、悪いことをしても社会的地位を得ればよいのか、となる。

漢字は、表意文字なので、一字でも、深遠な哲学的意味を持つ。中国古典の使い方を見ると、「志立たざれば、舵なき舟、くつわなき馬の如し」、「士たるもの、志を尚《たか》くす」とか「賢士は志を尚《たっと》ぶ」とあるので、「志」は高尚なものを内包している概念と思う。中国古典の公孫の中に「志は、気の帥なり」とある。つまり「思想が確立しており、精神がしっかりしていれば、気力も出てくる」、「志は、仁および義なり」との言葉もある。岸信介先生は、そうした仁・義に基づく「気」を体得した方であった。

私が接した「岸信介像」は、世間がいうような「妖怪でもなく」「悪徳ではないし」「悪運でもない」「極石でもない」。逆に「人間性ゆたかで、徳の高い、厳しい運命にもあえて立ち向かった、勇気ある傑出した政治家である」と、認識している。

岸信介先生は、そうした志に基づき、日本国を憂え、占領下につくられた非独立国・植民地的憲法を、合法的・合理的な手段・方法で、独立国にふさわしい憲法に改めようとされた。そして、総理の時に、まさに、不平等・片務的な日米安保条約を改訂して、少しでも、独立国並みの平等・双務的な条約に換えよう、と努力をされたのである。

すなわち、属国憲法・植民地憲法の体裁ではなく、まず、独立主権国家にふさわしい憲法に改めた上で、諸外国との友好親善を図り、日米安保条約も対等・互恵なものにし、アメリカをはじめ先進国とともに、再び戦争の惨禍が起きないような国際社会の仕組みを創りたい、というのが真意であった。

さて、私は、そうした岸信介先生の「志」を体して、岸会長から実務執行の委嘱を受けた四団体を、なんとしても維持しようと努力してきた。しかし、私が、岸先生からまず、最初の団体・㈶協和協会の委嘱を受けたのが昭和五十三年。「自主憲法」の委嘱を受けたのがその翌昭和五十四年であるから。想えば、実に三十五～六年になる。不肖、いまだ、岸信介先生の「志」を実現できていないのを、申し訳ないと思っている。

しかし、いま、岸信介先生のお孫様にあたる安倍晋三先生が、内閣総理大臣として、その「志」を継ごうとしておられるので、国民の皆様も、どうか、そうした岸信介元総理の「志」を理解して、日本国のため、憲法改正の推進にお力を貸してくださるよう、お願いを申し上げる。

最後に、この書を、岸信介先生、そして、そのご生前に岸先生のもとに参集して熱心に日本国のあり方について論じておられた同志の方々に、謹んで、お捧げする。

なお、当「自主憲法」は、昭和五十四年秋から、憲法学者有志の参加を得て「自主憲法研究会」を開催してきているが、中でも、二十八年間にわたり、出席・指導くださった亡き同志、竹花光範駒沢大学法学部教授・同副学長・憲法学会理事長の御魂にも、お捧げしたい。

また、事務局に参加して、機関誌『憲法』の編集に協力してくれた大門照幸氏（鶴書房元編集長）にも、改めて感謝を捧げたい。

平成二十七年五月三日

著者　清原淳平

清原淳平（きよはら　じゅんぺい）

東京都出身。昭和 33 年早稲田大学大学院修士課程修了。博士課程 3 年目に、西武の創立者堤康次郎会長（元衆議院議長）の総帥秘書室勤務。その際、時の岸信介総理のご面識を得たご縁で、昭和 53 年秋より、逐次、岸信介元総理が創立された四団体の事務局長、常務理事、専務理事など執行役員を務める。

憲法関係では、昭和 54 年 1 月、岸信介会長より「自主憲法期成議員同盟」及び「自主憲法制定国民会議＝新しい憲法をつくる国民会議」の事務局長に任命される。後者の国民会議では、そののちに常務理事～専務理事～会長代行を経て、平成 23 年以降は会長。岸信介会長の志に基づいて 35 年以上、憲法改正運動を続けている。

「なぜ憲法改正か !?」善本社刊他著書多数。

お問い合わせ先（事務局多忙のため、まずはお電話ください。）
「自主憲法制定国民会議」（＝新しい憲法をつくる国民会議）
住　所　〒 104－0028
東京都中央区八重洲 2-6-16　北村ビル 3 階
電話番号　03－3581－1393（代表）
F A X　03－3581－7233
ホームページアドレス　http://www.sin-kenpou.com/

岸信介元総理の志 憲法改正
平成二十七年五月三日　初版発行
編著者　清原淳平
発行者　手塚容子
印刷所　善本社事業部
〒101-0051　東京都千代田区神田神保町二―十四―一〇三
発行所　株式会社　善本社
TEL（〇三）五二一三―四八三七
FAX（〇三）五二一三―四八三八

ISBN978－4－7939－0470－7　C0032